한국인이
어떤 사람들인지
알려주마

발검무적 지음

파람북

한국인이 어떤 사람들인지 알려주마

초판 1쇄 인쇄	2025년 3월 17일
초판 1쇄 발행	2025년 3월 24일
지은이	발검무적
펴낸이	정해종
펴낸곳	(주)파람북
출판등록	2018년 4월 30일 제2018-000126호
주소	경기도 파주시 회동길 480 아트팩토리엔제이에프 B동 222호
전자우편	info@parambook.co.kr
인스타그램	@param.book
페이스북	www.facebook.com/parambook/
대표전화	031-935-4049
편집	현종희
디자인	이승욱
ISBN	979-11-7274-036-8 03300

이제야 답하는 한국과 한국인에 대한 질문들

아시아 여성으로서는 최초로 노벨문학상을 받은 수상자가 한국에서 나왔다. 이미 수년 전부터 세계의 대중음악을 K-POP이 휘어잡으며 주류로 부상하면서 어느 정도 예견된 현상이긴 했다. 칸을 비롯한 세계적인 영화제에서 간간이 인정받기 시작한 한국 영화는 이제 아카데미상마저 거머쥐었고, OTT 서비스의 흥행기록은 한국의 콘텐츠가 모두 갱신한다는 찬사까지 받으며 세계 대중문화의 리더로까지 인정받는 상황을 맞게 되었다.

그렇게 세계의 대중문화 트렌드가 한국으로 포커스가 맞춰지면서, 세계인들은 한국이 그리고 한국인들이 본격적으로 궁금해지기 시작했다. 그런데 정작 한국과 한국인에 대한 궁금증을 풀어줄 만한, 전문적이면서도 흥미로운 설명이 담긴 책은 그 어디에서도 찾아볼 수 없다.

30여 년 전, 첫 책을 출간했을 때부터 내 출간의 첫 번째 목적은 늘 내가 읽고 싶은 책을 만들어 내가 읽는 것이었다. 내가 쓰는 책의 최초의 독자는 오롯이 나였고, 내가 읽고 싶은 책을 읽기 좋게 정리하고 가다듬는 것이 내 집필의 형태였고 과정이었다. 여차저차한 이유로 출판의 휴지기가 제법 길어졌으나 글쓰기에 손을 놓은 건 아니었다. 학술적인 글쓰기와 상업적인 글쓰기를 병행하는 기행을 출판계에 구태여 커밍아웃하고 싶은 생각은 30여 년이 지난 지금도 여전히 없다. 그러는 사이 학계도 그렇거니와 출판계도 어느 사이엔가 학술적인 전문지식을 가진 이들이 일반인들이 이해하기 쉬운 형태로 풀어 출판하는 게 하나의 장르로 자리 잡는 시대로 전환되어 갔다.

몇 년 전, 온라인의 글쓰기 플랫폼이라는 게 등장하면서 호기심에 들여다보니 USB나 외장 하드에 보관하던 기존 방식보다는 내 전방위적 글쓰기의 아카이브로 온라인 공간을 활용하기에 적합하다는 생각이 들었다. 마침 함께 침대를 쓰시는 분이 내가 해외에 나가 있는 동안, 20여 년 전 써둔 방대한 분량의 글이 담긴 시디를, 서재를 정리한다는 이유로 소실해버린 대형 사고를 친 여파가 채 그치기도 전의 일이었다.

처음 이 책의 글을 글쓰기 플랫폼에 연재하기 시작하고, 실시간으로 온라인 독자들의 반응을 보면서, 그것도 플랫폼이 아닌, 포털 검색을 통해서 들어온 한국인이 대다수라는 사실을 보면서 한국이라는 울타리 안에 있는 한국인들이 정작 자신들에 대해서는 제대로 거울을 들여다본 적이 없어 스스로를 궁금해하는구나 하는 공감이 들었다.

그즈음, 작고하신 이어령 선생을 교점으로 파람북 정해종 대표와 인연이 닿았다. 본래 이어령 선생이 말년에 하고 싶어 하셨던 작업들이 나의 관심사나 글에 맞닿아 있던 인연 덕이 컸다. 그래서 짧지 않게 쉬었던 출간 작업을 재개할 것을 약속하고 그 첫 복귀작(?)으로 이 책을 내놓게 되었다. 그리 대단할 것도 아니겠으나, 이 책은 한국학의 전문가 중에서 누군가는 진즉에 해줬어야 할 작업이고, 지금의 시점에 우리와 그들을 위해 반드시 요구되는 작업이라 조만간 다른 나라의 언어로도 출판되어 외국인이 한국인을 이해하는 매뉴얼이 되었으면 하는 마음이 없지 않다.

마지막으로, 시끄러운 한국을 떠나와 외국 땅에까지 와서 이 글을 쓰는 내내 묵묵히 내 곁에서 함께 공부해준 혜린이와 찬용이에게 사랑하고 고맙다는 말을 전한다.

2025년 새봄 집필실에서
발검무적

차례

1장   다채롭고 역동적인 것들

2장   열광하고 집착하는 것들

3장 쉽게 변하지 않는 것들

안에서는 보이지 않는, 밖에서는 명확하게 보이는 것들

한국, 한국인.

김구 선생님의 소원이 현실이 된 것 같습니다. 그들은 전 세
계의 대중문화를 '한류' 혹은 'K-컬처'라는 이름으로 장악한 이들
입니다. 최근 권력욕에 취해 민주주의를 망가뜨려 전 세계에 속보
를 전달시킨 지도자를 뽑은 민족이기도 하지만, 그 위험천만한 시
도에 대해 엄중한 철퇴를 직접 내리겠다고 아무런 약속도 없이 국
회의사당에 모여 진정한 민주주의가 무엇인지를 행동으로 보여준
민족이기도 합니다.

그들을 보며, 참 독특하기 그지없는 나라고, 역동적이기 그
지없는 사람들이라고 세계인들은 모두 입을 모아 감탄합니다. 그들
한국인은 세계 어느 곳을 가도 파악하기 쉬운 정체성을 가진 민족
입니다. 한국 사람들이 모두 하나의 특징만을 가지고 있을 리가 없

고, 그 다양한 사람들이 하나의 성향으로 행동할 리가 없음에도 불구하고 세계인들이 느끼는 한국인의 개성은 너무도 명징합니다.

그런데, 정작 한국 사람들이 왜 그런 개성을 보이는지에 대해서 외국인들이 물었을 때, 속 시원하게 이해시켜 줄 만큼 합리적이고 논리적으로 설명해주는 글은 본 적이 없었습니다. 그러니 한국인들을 도무지 어디서부터 어떻게 분석해야 할지, 사람들은 난감해하기 마련입니다. 그래서 한국인의 본질은 미스터리이자, 풀 수 없는 수수께끼처럼 여겨지기도 합니다.

한반도라는 한정된 공간에서 하나의 민족으로, 그 테두리 안에 살았던 우리조차 우리의 특징을, 그리고 그 특징이 어디서 왜 그리고 어떻게 형성되었는지를 진지하게 고민해 보거나 의문을 던질 생각조차 하지 않았던 것도 사실입니다.

세계 각지의 대학에 불려 다니며 그곳에서 한국 문화와 한국어를 가르치고 학생들과 교류했습니다. 외국 학생들이 단순한 호기심이 아닌, 문화 비교의 관점에서 던진 날카로운 질문들이 해를 거듭하며 켜켜이 쌓여 갔습니다. 이제 그것들을 먼지 털어가며 꺼내 보려 합니다.

이어령 선생은 과거 『축소지향의 일본인』이라는 책으로 장안의 지가를 올렸습니다. 그즈음에, 일본인들이 그 거대한 조선소에서 수많은 배를 건조해내는 것은 어떻게 설명할 수 있겠느냐는 모순을 지적하는 이견이 나왔습니다. 마찬가지로 한국인의 특징을 어느 한 가지로 규정하는 것은 만용일지 모르겠습니다. 하지만 왜 한국인들이 어떤 공통적인 특징을 보이는지에 대해서 누군가 이제 는 한번쯤 바깥의 세계인들에게 설명해 줄 필요도 있지 않을까 하 는 생각이 줄곧 있었습니다.

그래서 조금은 냉정한 이성을 탑재하고 객관적인 거리를 유 지하면서도, 세계인들과 함께 생각할 거리를 던져보고자 합니다. 그리고 특성을 드러내면서 그것이 특성이라고도 인지하지 못하는 한반도 안의 여러분들과도 함께.

한국이 어떤 나라이고, 한국인이 어떤 존재들인지.

1장

다채롭고

역동적인 것들

왜 한국 인들의 시위는 그렇게 독특한 걸까?

2024년 12월 3일 밤 10시가 조금 지났을 즈음. 전 세계에 한국의 대통령이 비상계엄을 선포했다는 소식이 타전되었습니다. 이미 선진국 대열에 들어선 나라의 대통령이 이런 희대의, 황당무계한, 블랙코미디 같은 일을 벌였다는 사실 자체만 놓고 보면, 한국인으로서는 그야말로 세계인들 앞에 고개를 들 수 없을 정도로 창피하기 그지없는 일이었습니다.

전 세계적으로 아무리 극우화가 진행되고 양극화가 심해지는 추세라고 하더라도, 비상계엄이라는 소식은 충격적이었습니다. 그것은 6, 70년대와 80년대 '군사혁명'이 일어나던 그 옛날 개발도상국 시절로 대한민국을 한방에 돌려버리는 것은 아닌가 하는 두려움마저 낳게 했습니다. 그런데, 그날의 뉴스에서 전 세계인들이 주목했던 것은 대통령 한 사람이 벌인 블랙코미디만은 아니었습니다. 그 어리석은 헛발질 한 번에 나라가 수십 년 전으로 회귀하는 것을 막겠다며 뉴스를 듣기가 무섭게 국회의사당으로 모인 대한민국 국민 하나하나의 눈물겨운 모습들이 있었습니다.

한국은 수많은 외침 속에서도 절대 굴복하지 않는 항거 의식을 자랑하는 나라입니다. 한반도에 대한 침략은 언제나 민초民草들의 불길같이 일어나는 항거에 막혔습니다. 전 세계 어느 역사에서도 그렇게 일치단결해 끈질기고 강력하게 저항하는 모습은 쉽게 찾아보기 힘듭니다. 한국인이 뭉쳐서 들고일어나는 시위는 그야말로 한민족의 DNA에 각인된, 항거 역사의 연장입니다.

국회를 사수하기 위한 사람들의 모임은 계엄이 해제되는 해프닝 이후 헌법을 유린한 어리석은 통치자에게 잘못을 묻기 위한 탄핵 시위로 변화했습니다. 여의도, 광화문, 한남동 대통령 관저 앞이 시위의 현장이 되었습니다. 그 다이내믹한 민주주의의 진화 현장을 카메라와 스마트폰들이 전 세계로 찍어 나르기 시작했습니다.

이미 2016년 광화문을 가득 메웠던 촛불시위는, 2019년의 홍콩 우산 혁명에 앞서, 민주주의에서 말하는(그리고 대한민국의 헌법이 가장 첫머리에 규정하는), "모든 권력은 국민에게서 나온다"는 진리를 전 세계에 생중계로 각인시킨 바 있었습니다. 그런데, 근 8년 만에 다시 벌어진 전국민적인 시위는 세계인들을 다시 한번 놀라게 만듭니다. 그들이 봐왔던 시위문화와는 전혀 다른 형태의 축제(한국어로는 '놀이'와 같은 형태)가 벌어지고 있었으니까요. 그것은 2030의 젊은이들을 중심으로 한, 현시점을 기준으로 가장 진화된 형태의 민주주의적 시위였습니다.

'시위'라는 것은, 자신들의 뜻을 관철시키기 위해 모인 사람들이 행동으로 어필하는 정치적인 행위를 뜻합니다. 대개는 현 정부에 반대되는 경우가 많기 때문에, 물리적으로 충돌이 많습니다. 대한민국도 예외는 아니었습니다. 이승만의 불법 부정선거를 규탄하는 국민들의 움직임이 그러했고, 군사 쿠데타의 부당성에 항거하는 시위가 그러했으며, 민주화 운동도 마찬가지였습니다. 거리의 싸움이라는 의미인 '가투街鬪'라는 말이 80년대에는 마치 시위의 대명사처럼 쓰였습니다. 지난 시대만 해도 최루탄과 물대포, 투석과 화염병이 난무했고 극심한 경우에는 분신이 따르기도 했습니다.

그런데, 2016년 전 국민이 촛불을 들고 광화문 광장에 나와 어른, 아이 할 것 없이 함께 한겨울 추위에 서로를 북돋우며 노래 부르고, 누가 시키지도 않았는데 자원봉사자들이 결성되어 서로를 보듬고, 핫팩과 요깃거리를 나눠주었습니다. 그리고 구호를 외치는 것도 서로 같은 뜻을 이루려는 하나 된 함성으로, 노래로 표현하는 형태로 발전하게 됩니다.

그리고 2024년 겨울 드디어 촛불시위에서 더 진화된 형태라고 하는 '응원봉 시위', 혹은 'K-문화시위' 형태로 시위는 진화하게 됩니다. 버스를 대절해서 노약자 및 아픈 사람이 따뜻하게 쉴 수 있는 공간을 만들고, 지구 반대편에 있는 이름 모를 재외동포는 사람들이 따뜻한 음료를 무료로 마실 수 있도록 카페에 선결제하면서 동참 의지를 보이기도 했습니다. 가수들이 자신의 장비와 스텝을 모두 준비하고 나와 추위에 시위에 참여하는 사람들을 위해 노래를 불러주는 진기한 광경이 벌어진 것입니다. 대한민국의 정국이 불안하고 시위가 폭동이 될 수도 있다며 한국 여행 일정을 취소하던 수많은 외국인이 오히려 K-POP 콘서트장 같은 그 장면들로 인해 오히려 더욱 한국을 방문하고 싶어 한다는 이야기가 나올 정도였지요.

시위를 문화로 만들어버린 이 독특한 현상이 한국인의 정체성을 드러내기에 더할 나위 없이 좋은 사례일 것입니다. 한국인들에게 있어, '흥'은 기쁠 때만 작용하는 것이 아닙니다. 가장 한국을 대표하는 노래라고 일컬어지는 〈아리랑〉만 보더라도, 힘들고 지쳤을 때뿐만 아니라 흥에 겨운 때도 불립니다. 한국인들은 힘들 때도 노래로 '흥'을 드러내고 '한恨'을 표출하기도 하는 것입니다.

특히 시위에서 '노래'는 최루탄이 날리고 심지어 실탄이 쏟아지는 그 엄중한 시기부터 같은 뜻을 가진 동지의식을 공유하는 데 있어 가장 유용하게 사용되어 온 방식입니다. 물론 인류 공통적으로 군대의 사기를 돋우기 위한 군가軍歌가 있고, 노동을 힘들지 않게 하려고 만든 노동요勞動謠가 있으며, 승리를 기원하는 응원가가 있었습니다. 실제로 '민중가요'는 전 세계의 시위문화에 녹아들어가 있고, 한국의 시위 현장의 노래들만 해도 격한 군가의 음률에 가까운 딱딱하고 장엄한 가사로 일관되었음에도, 사람의 마음을 격동시키는 요소는 강했습니다.

노래패라고 하여 시위에 동원되었던 전문적인 팀들은 이른바 문선(문화선동)이라고 해 그들의 노래에 맞춰 율동들을 함께 선보였는데요. 지금 보면 어색하기 그지없고, 북한에서 매스게임하는 것처럼 보이기도 하지만, 음악과 율동을 통한 문화적인 선동이 사람의 마음을 움직이는 데 가장 효과적이라는 판단이 깔려있는 것이었습니다.

그런데, 2016년 광화문 촛불시위를 기념으로 시위에서 불리는 노래 역시 변모하게 됩니다. 〈임을 위한 행진곡〉 등이 7080세대의 데모 문화에 친숙한 시위 노래였다면, 그것에 더해 7080세대들의 그 시대를 대변했던 노래들로 〈아침이슬〉이라던가 〈솔아솔아 푸른 솔아〉, 〈사계〉 등에서 〈사람이 꽃보다 아름다워〉 같은 대중가요와 민중가요 사이 정도의 노래가 등장합니다.

2016년 광화문의 촛불시위에서는 20대가 주축이 아니었습니다. 남녀노소 가릴 것 없이 전 국민적으로 시위가 확산되었지요. 그래서 시위 현장의 노래들은 모두가 알고 있는 노래여야만 한다는 기본전제가 깔리게 되었습니다. 어디에서 한번도 만난 적 없는, 조직도 없는 사람들이 같은 뜻으로 모여 그 결의를 다지는 데 있어, 그들이 함께 아는 노래를 부른다는 것만큼 빠르게 일치단결을 유도하는 방법은 없죠. 이 사실을 한국 국민들은 너무도 잘 알고 있었습니다. 시위장에서 가장 중심이 되었던 세대가 70년대는 학생운동으로 발 벗고 나섰던 1세대, 80년대 민주화 운동으로 군사정권에 항거했던 지금 2~30대의 부모님과 삼촌, 이모 세대에서, 이제 2024년에는 지금의 MZ세대입니다. 그래서 노래들이 자연스럽게 그들이 듣고 바로 따라부를 수 있는 K-POP으로 변화한 것입니다. 불을 나누어 켜 가던 촛불에서 2016년에는 바람에도 꺼지지 않는 LED 촛불이 등장했듯, 2024년은 그것도 2030들이 K-POP을 응원하며 사용했었던 응원봉으로 대체되기 시작한 거지요.

이번 탄핵 시위에서 대표적인 시위 노래로 등장한 소녀시대의 〈다시 만난 세계〉 같은 경우도 집회·시위 노래로 주목받기 시작한 것은 2016년 7월이었습니다. 당시 이화여대 재학생과 졸업생들이 학교 측의 평생교육 단과대(미래라이프대학) 설립 계획을 반대하며 점거 농성을 벌이며 대치하고 있었습니다. 당시 경찰의 집회 해산 압박에 서로 팔짱을 끼고 있던 학생들이 두려움을 이기기 위해 이 노래를 불렀다고 전해지는데, 당시 장면을 촬영한 영상이 SNS 등을 통해 퍼져나가면서 본의 아니게 20대 여성들을 중심으로 시위 노래로 변모하게 되었습니다. 재미있는 것은 한류의 영향으로 2020년 태국 민주화 운동에서까지 이 노래가 시위 노래로 태국 국민에게까지 불려졌다는 사실입니다.

기존의 시위용 노래들이 따로 배워야 하는 인위성이 있었고, 다소 격한 멜로디로 사람을 인위적으로 격동시키는 면이 있었던 데 반해, 자발적인 범국민적인 시위로 확산되면서 시위 현장에서 부르는 노래는 모두가 잘 알고 따라부르기 쉬운 노래로 변모해 갔습니다. 에스파의 최신곡들을 부르고, 신나는 댄스곡을 부르며 그 노래에 자신들의 메시지를 간략하게 넣어 개사하는 형태는 사실

대한민국 국민들에게는 어색한 일이 아닙니다. 4년에 한 번씩 번갈아 있는 총선과 지방선거에서 선거송으로 사람들에게 친숙한 노래를 개사해서 부르는 것은 일종의 응원가나 CM송처럼 되어버린 것도 사실이거든요.

시위가 한국의 K-공연문화와 원래부터 아주 많이 닮아있다는 것도 빼놓을 수 없는 포인트입니다. 실제로 이번 시위의 분위기를 주도하는 데 중심이 되었던 2030의 젊은이들은 왜 그렇게 시위가 익숙한지를 의아해하다가, 시위에서 필요한 행동이 자신들이 공연을 참여하기 위해, 혹은 공연을 즐기기 위해 했던 행동들과 매우 흡사하다는 것을 깨달았다고 합니다.

그럴 수밖에요. 일단 K 콘서트는 준비할 것들이 많습니다. 일단, 질서 있는 입장을 하기 전에 웨이팅을 하고 자리를 잡는 것이 중요합니다. 그리고 사전 예습을 통해, 앞에서 지휘하는 리더의 움직임에 맞춰 일사불란하게 움직여줘야 그 공연을 훨씬 더 즐길 수 있습니다. 신곡이라고 하더라도 노래를 함께 부르는 '떼창'은 K 콘서트의 백미 중의 백미죠. 무엇보다 모두가 하나가 된다는 느낌을 갖기 위한 공감 능력이 우선시되어야 하는 것도 고도의 시민의식과 맥이 맞닿아 있습니다. 그리고 조금 논외의 이야기일 수는 있겠지만, 운영진이라고 하여, 공연을 주관하는 이들과 상관없이 팬클럽의 운영위 조직을 통해 그 질서를 유지하고, 행동을 일원화하며, 응원을 하더라도 통일된 의상 콘셉트라던가 응원봉 등의 아이템, 심지어 먹을 도시락이나 간식마저도 조직적으로 준비하는 것에 K-POP 팬들은 아주 익숙합니다.

특히나, 콘서트가 끝난 후 공연장의 쓰레기 문제까지도 철저하게 모두가 자발적으로 챙기는 훈련이 되어있는 정예부대들이 바로 그들인 것입니다. 그렇게 그들은 자신도 모르게 이미 몸에 밴 훈련방식대로 시위장에 하나둘 모이게 된 것입니다. 못난 국민의 대표를 끌어내리자는 민의民意에 동조하면서 말입니다.

이것은 한민족의 '마당' 문화와도 그 맥을 같이 합니다. 공연을 하는 자와 공연을 즐기는 자를 구분하지 않고, 내 공간과 너의 공간을 구별하지 않으면서도 모두가 함께 같은 뜻으로 즐기고 하나가 되는 그 과정들은 자연스럽게 성별이나 세대를 구분하지 않고 모두를 어우러지게 해줍니다.

추운 겨울 오랜 시간 추위에 떨며 시위를 하면서도 뜨끈한 것을 먹고 힘내라며 국밥을, 그리고 김밥을, 또는 따뜻한 음료를 선결제하는 문화 역시 한민족의 '흥'에서 기인했다고 할 수 있습니다. 마당에서 모두가 어우러질 때 여유가 되는 이가 그것을 베풀고 누가 시키지 않아도 십시일반 도와가며 즐기는 것과 맥이 닿아 있습니다.

결국 시위는 모인 사람들의 뜻을 관철하고자 하는 행위입니다. 그렇다면 굳이 자신을 상처 내가면서까지 무력으로 충돌하기보다는 평화롭게 뜻을, 하지만 충분히 전달하는 것이 가장 발달한 시위문화의 형태가 아닐까 생각해봅니다. 그런 점에서 이번 탄핵 시위에서 보여준 한국인의 새로운 시위문화는 한국인이 그리고 한국문화가 왜 지금 전 세계를 주도하고 있는지를 아주 명확하게 보여준 대표적인 '고도의 정치문화 표현행위'가 아닌가 생각해봅니다.

왜 한국은 다른 나라에 비해 치안이 좋은 걸까?

비즈니스 업무상 한국에 살고 있는 외국인들이나 짧게 여행 오는 외국인들에게 한국을 찾게 되는 이유, 혹은 한국에 살면서 가장 좋은 점을 이야기하라고 하면 빠지지 않고 등장하는 대목이 있습니다. 한국은 치안이 좋아서 살기에도 여행하기에도 안전한 나라라는 것이죠.

틀린 이야기는 아닙니다. 실제로 한국은 강력범죄, 특히 외국인들에 대한 강력범죄가 다른 나라들에 비해 지극히 미미한 편이고, 무엇보다 총기가 허용되지 않기 때문에 총기로 인한 강력범죄는 찾아보기 힘들 정도입니다. 휘황찬란한 밤문화가 발달한 한국에서는 외국인들이 밤거리를 다녀도 범죄에 휘말릴 위험을 느끼지 않습니다.

그런데 말이죠. 여기서 신기한 점이 한 가지 있습니다. 한국의 치안에 대한 질문을 외국인이 아닌 한국 사람들에게 던졌을 때는 답변의 양상이 달라진다는 점입니다. 실제 통계자료를 보면 대한민국이 안전하다고 느끼냐는 질문에 한국인 응답자 절반 이상이 '아니다'라고 답했는데요. 이 사실만 보더라도 한국인들은 정작 한국을 안전한 나라라고 생각하지 않고 있음을 알 수 있습니다. 그렇다면 이런 모순된 반응이 나오게 된 이유는 무엇일까요?

가장 먼저 짚고 넘어가야 할 점은, '안전하다'라는 개념의 정의가 외국인들과 한국인들이 전혀 다르다는 사실입니다. 외국에

나가보면, 해가 지고 어두워진 밤에는 심야 영업을 하는 가게들이 한국과는 달리 매우 드물다는 것을 알 수 있습니다. 때문에 외국인, 특히나 서양인들의 경우에는 새벽 1시가 넘도록 길거리 포장마차에서 술을 마시고 노래방으로 향하는 한국인들의 모습이 신기할 수밖에 없죠.

그러니 그들에게는 아무도 거리를 다니지 않기 때문에 밤길에 범죄가 성행할 수 있는 외국에 비해, 늦게까지 술을 먹고 밤거리를 다녀도 아무런 사고 없이 무사히 다닐 수 있는 한국은 그야말로 안전한 나라인 거죠. 반면, 한국인들에게는 밤에 술 마시고 밤거리를 다니는 것이 애초에 위험하지 않았던 터라, 범죄가 발생했을 때 경찰이나 검찰 혹은 사회의 대처를 보며 안전 문제를 생각하게 됩니다.

통계에 의하면, 한국의 길거리에서 총에 맞을 확률은 같은 장소에서 두 번 번개를 맞을 확률보다 낮다고 합니다. 미국과는 확률적으로 무려 100배 넘는 차이를 보이는 셈이죠. 언제든 총에 맞아 죽을지도 모르는 위험한 동네를 피해 다녀야 하는 미국인들의 입장에서는 한국은 그야말로 최고의 안전국가일지도 모릅니다.

'한국에서는 카페에서 노트북이나 핸드폰을 두고 화장실에 다녀와도 아무런 걱정이 없다'는 이야기도 외국인들을 대상으로 한 유튜브에서 늘 화제가 되는 소재입니다. 한국인들은 그 이유로 사방에 깔려 있는 CCTV를 언급하곤 합니다. 맞는 말입니다. 범죄가 발생했을 때 가장 먼저 사실관계를 확인할 수 있는 CCTV가 한국에는 길거리에서부터 아주 작은 가게들에 이르기까지, 아니 요즘은 심지어 가정에까지 쫙 깔려있습니다. 심지어 이제 차량마다 부착된 블랙박스로 인해 사각이 없다고 할 정도로 감시시스템이 확실하게 갖춰져 있죠. 하지만, 꼭 한국만 그렇다고 볼 수도 없습니다. CCTV나 블랙박스는 기술의 발달로 인해 큰 비용을 들이지 않고 설치할 수 있게 되면서, 이제 전 세계 대도시 어디에나 깔려있는 상태입니다. 1998년 개봉했던 토니 스콧 감독의 영화 〈에너미 오브 스테이트 Enemy of the State〉는 사람을 감시하는 CCTV 시스템이 어디까지 우리 사회의 구석구석을 감시할 수 있는지 적나라하게 보여준 바 있습니다. 그 영화가 개봉한 지도 무려 20년이 훨씬 더 되었으니 굳이 한국만 그 부분이 발달했다고 우길 수는 없는 노릇입니다.

그렇다면 왜 한국에서만 범죄에 대한 치안이 잘 되어있다고 느끼는 것일까요? 이유는 크게 두 가지 정도로 정리할 수 있을 듯합니다.

첫 번째 이유는, 범죄에 대한 한국인의 심리입니다. 범죄 심리학에 따르면, 범죄를 저지르는 자들은 이후에 자신들이 감내해야 할 부분들에 대해서 분명히 생각한다고 합니다. 거기에는 단순히 양형 규정에 따른 형사적 처벌뿐만이 아니라 자신이 감당해야 할 경제적, 사회적 측면의 불이익도 적지 않게 작용하게 됩니다. 서양에 비해 한국이나 일본 등의 동양적 정서가 강한 나라들에서는 범죄자에 대한 사회적 압박이나 편견들이 서양에 비해서 상대적으로 강한 편입니다. 살인자의 가족이라는 이유로만으로도 도저히 살던 동네에서 살지 못하게 된다든가 특정 범죄로 전과자라는 낙인이 찍혀 단순한 알바 자리조차 얻기 어렵다든가 하는 일은 한국에서는 당연한 것이 되어버렸지요. 즉, 불법 행위로 인해 얻을 수 있는 범죄이익보다 자신이나 가족들이 입게 될 손해가 훨씬 더 크다는 아주 실리적인 이유가 한국인들의 심리 저변에 깔려있는 것입니다.

일명 '머그샷'에서도 이런 심리를 엿볼 수 있습니다. 한국에서는 범죄자의 얼굴에 모자이크 처리를 해줍니다. 심지어는 범인이 알아서 모자 쓰고 마스크 쓰고 자신의 초상권을 보호하겠다고 눈만 뻐끔거리며 포토라인에 서곤 합니다. 범죄를 저질러 체포되었을 경우, 지위 고하를 막론하고 머그샷이 찍히는 미국을 필두로 한 서양과는 대비되지요. 서양 문화의 관점에서는 한국에서 범죄자의 신상을 쉽게 공개하지 않는 것이 이해하기 어려울 것입니다만, 위에 설명한 사회적 형벌과 그 압박이 얼마큼 강한지에 대한 방증이라고 생각하면 이해가 어렵지 않습니다.

두 번째 이유는, 범죄자들이 반드시 잡힌다는 사실입니다. 예컨대 길거리에서 흔히 차량 뺑소니범 현수막을 보게 되는데요,

90% 이상 검거하는 것이 이젠 특별한 일도 아니게 되어버렸습니다. 나머지 그 몇 %는 뭐냐구요? 못 잡는 게 아니라는 정도로만 이야기하고 넘어가죠.

심지어 해외로 도주한 범죄인들까지 시간이 좀 소요되더라도 반드시 체포하고 국내로 송환하는 프로세스가 한국 사회에서는 일반상식처럼 자리 잡았습니다. 범죄를 저지르려는 이들도 이 사실을 잘 알고 있습니다. 점유이탈물 횡령이나 현장 범죄는 100% 검거된다는 전제가 대한민국의 치안을 지금의 형태로 만들었다고 해도 과언은 아닐 것입니다.

왜 한국 식당에는 테이블마다 호출 벨이 있을까?

한국을 찾은 외국인들이 식당을 찾았을 때, 가장 놀라는 한국만의 시스템 하나가 있습니다. 어눌한 한국어로 종업원을 찾지 않아도 자동적으로 소환시켜주는 마법의 버튼, 테이블에 붙어있는 '호출 벨'이 바로 그것인데요. 벨을 누르자마자 "네~!"라는 대답이 들려오거나, 심지어 언제 나타났는지 모르게 다가와 "뭘 도와드릴까요?"라고 종업원이 묻는 광경을 보면서, 외국인들은 "언빌리버블~!"을 연발하곤 합니다.

그들이 살던 곳에서는 도저히 상상도 할 수 없는 시스템이기 때문인데요. 한국인들에게는 너무도 자연스러워 이상할 것 하나 없는 이 한국적인 발명품은 외국인 입장에서는 다소 이질감을 자아낸다고 합니다. 인격침해 요소가 있다는 건데요. 손님의 입장이 아니라, 벨 소리를 듣고 손님의 테이블로 당장 달려가야 하는 종업원의 처지에서 생각해보면 달리 보일 수 있다는 얘기죠. 18세기 말부터 20세기 초까지 영국과 미국에서는 집에 기계적으로 작동하는 하인 호출 벨을 달았는데요. 이것을 연상시킨다는 설명은 다소 억지스러운 부분도 없지 않긴 하지만, 파리나 뉴욕의 유명 레스토랑을 가더라도 종업원을 부르는 데 오랜 시간을 기다려야 한다는 사실을 생각해보면 손님을 대하는 서비스의 강도 차이가 한국과 외국이 확연히 다르다는 부분만큼은 모두가 인정할 수 있지 않을까 생각합니다.

외국인들은 식당을 찾아 직원에게 어떤 서비스를 요청할 때에도 정중히 예의를 갖춰야 한다고 생각하는 경향이 강합니다. 팁 문화도 어찌 보면 그런 서비스에 값어치가 매겨진 것이라고 볼 수 있는데요. 그런 점에서 본다면, 한국의 식당의 테이블마다 설치된 호출 벨은 그야말로 '손님이 왕'이라는 모토를 실천으로 보여주는 대목이라 할 것입니다.

이 책에서 다룬 주제 중 하나는 한국에서 종업원에 해당하는 나이 많은 여자를 부를 때, 피도 한 방울 섞이지 않았음에도 '이모'라고 친근하게 부른다는 것이었죠. 하지만 그 의미와는 별개로, 한국에서 식당의 종업원을 대하는 한국인의 일반적인 생각은 서구 못지않게 계산적인 부분이 있습니다. 즉 내가 내는 음식비용에는 팁이 없더라도 내가 손님으로서 대접받을 권리가 포함되어 있다는 무의식이 깔려있다는 이야기죠.

해외에서(특히, 서양에서) 레스토랑에서 손님이 갑질을 하는 경우가 동양(특히, 한국)에 비해 현저히 적은 이유는 아마도 그러한 부분이 반영된 것이 아닌가 하는 합리적 추정이 가능합니다. 한국을 중심으로 한 동양권의 외식문화에서 팁 문화가 서양처럼 기본이 되지 않은 부분은 바로 동서양의 문화적 차이에서 발생한 것인데요. 동양권 문화 중에서도 한국에서 식당 종업원에게 손님이 갖는 특권의식이란 상당히 유별나다고 하겠습니다.

이제 원래의 한류 첨단 발명품, 호출 벨 이야기로 돌아와 볼까요? 공식적인 자료를 통해 확인할 수는 없지만, 일설에 의하면, 테이블에 부착된 호출 벨은 1996년 국내 한 전자회사에서 '종업원 무선 호출 시스템'이라는 이름으로 처음 출시했다고 알려져 있습니다. 이것이 급속도로 확산되면서 한국의 전체 식당가와 주점으로 확대되고 카페에 이르기까지 주문 시스템 전체를 장악하게 되었습니다. 요즘에는 진화를 거듭해서 주점의 경우, 소주 벨이나 맥주 벨로 주문을 나눠 호출 벨만 누르면 소주나 맥주를 착착 대령하는 시스템이 반자동화의 형태로 등장했다고 합니다.

　　도대체 이 기가 막힌 발명품이 한국의 외식가를 점령하게 된 구체적인 이유는 무엇일까요?

　　가장 첫 번째 이유로는 묻고 따질 것도 없이, 한국인의 '빨리빨리' 문화입니다. 파리나 뉴욕, 런던의 유명 레스토랑을 갔을 때 한국 관광객으로 보이는 이들의 입에서 하나같이 쏟아져 나오는 말은 "왜 이렇게 빨리빨리 안 오지?" 뭘 해도 느릿느릿한 현지 시스템에 한국인들은 한국의 호출 벨이 간절해지기 마련입니다. 어디를 가나 빵빵 터지는 초고속 인터넷, 문이 채 닫히기도 전에 바로 출발할 준비를 하는 버스에 이르기까지 한국인들에게 느린 것은 말 그대로 '한국적이지 않은 것'입니다. 서빙을 기다리는 것이 용납되지 않는 것은 당연하지요.

두 번째 이유는 아이러니하게도, 주문을 받는 오너 쪽의 효율성 때문입니다. 성질이 급한 것은 손님뿐이 아니라는 의미와도 같은 설명인데요. 일일이 서빙을 하는 사람이 느긋하게 가서 물어보고 다시 왔다 갔다 하는 것도 비효율적이거니와, 여기저기 테이블에서 불러 댈 경우, 효율적인 동선으로 빨리빨리 손님을 쳐내는 것이 어려워진다는 게 가게 운영을 하는 오너의 입장이기도 합니다. 역시 호출 벨은 효율적이라는 결론이지요. 호출 벨의 테이블 번호를 은행 창구처럼 홀 내의 모든 종업원이 쉽게 볼 수 있게 만든 것도 이와 같은 이유에 부합합니다.

세 번째는 번거로운 호칭 관계 등에서 발생할 수 있는 껄끄러움을 없앴다는 건데요. 가게의 특성에 따라 다르겠지만, 어느 가게에서나 정겹게 "이모~"를 외칠 수 있는 분위기는 점점 없어지는 추세입니다. 특히 MZ라 불리는 젊은 세대들은 종업원을 부를 때 "여기요~", "사장님~" 등으로 명확한 호칭을 찾지 못하고 있는데요. 매번 종업원을 부를 때마다 느끼는 그런 불편함을 호출 벨은 말끔히 해결해 줍니다. 이것은 한국어가 서툰 외국인들이 호출 벨을 두고 정말 편리한 한국의 신문물이라고 엄지를 치켜세우는 맥락과도 맞닿아 있습니다.

사실 한국의 호출 문화는 식당가에만 있는 것이 아닙니다. 카페 등에서 무선 호출 벨로 주문된 음료나 음식을 받으러 가기도 하고, 번호표를 받고 순서를 기다리는 방식도 있는데요. 이것은 서양이나 일본에서도 관찰되는 부분이긴 합니다. 그러니 호출 벨이라는 것도 크게 보면 비슷한 문화의 형식이 아니냐고 반문할 분이 있을지도 모르겠습니다. 하지만, 한국의 테이블에 붙어있는 호출 벨에는 다른 방식과 차별되는 한 가지가 있습니다. 바로 사람을 직접 나에게 부른다는 점입니다. 실제로 테이블에 달린 작은 키오스크의 메뉴를 보고 주문하는 방식은 한국뿐만 아니라 다른 나라에서도 최근 이용되고 있지만, 직접 종업원을 부르는 목적만으로 사용하는 호출 벨은 한국에만 존재합니다.

한국의 문화에서는 사람을 직접 응대하는 것이 손님을 대하는 것에 얼마나 큰 배려인지를 강조합니다. 예컨대, 손님이 우리 집을 찾았을 때 누가 손님을 직접 응대하는가는 중요합니다. 그리고 소비자에게 전화로 응대하는 방식과 직접 응대하는 방식, 그리고 화상회의를 하는 방식과 직접 면담하는 방식 간에도 위계가 확실하지요.

코로나 사태 시기에 온라인 수업방식이나 화상회의방식이 전 세계적으로 유행하게 되었고, 이것들은 실제로 만나서 대화를 나누는 것과 크게 다른 것이 없어 보입니다. 하지만 한국인들에게는 여전히 직접 그 사람을 만나는 것만이 성의가 있는 방식이고, 가장 효과적이라고 여겨집니다.

그런 의미에서 한국의 테이블 호출 벨은 서양에서 하인을 호출하던 서양의 호출 벨과 차이가 있습니다. 벨 소리를 듣고 움직이는 종업원들은 인격적으로 하인이나 메이드와 같은 느낌을 갖고 벨 소리에 반응하지 않습니다. 이는 아이러니하게도 호출 벨이 없어도 '손님은 왕'이라는 모토에서 드러나는 한국적 사고방식이 종업원이나 알바에게 당연한 것으로 받아들여지기 때문이기도 한데요. 한국에서는 서비스업이나 영업직을 담당하는 이들이 가져야 할 직업의식을 교육하면서, '자존심 같은 것은 아예 집에 놔두고 출근한다'라는 식의 말을 표어처럼 되뇌곤 합니다.

한국 문화에서 '손님客'에 대한 의식이 본래 가지고 있는 전통적인 의미를 굳이 설명하지 않더라도, 서양이 손님에 대해 일정한 거리를 두는 것이 기본이라면, 한국에서의 손님은 극진하게 대접받아야 한다는 정신이 기본인 것 또한 간과할 수 없는 문화적 차이이기도 합니다.

합리적이고 효율적이라면 서양의 것이든 한국적인 발명품이든 가리지 않는 것 역시 한국인의 특성이 반영된 것이라고 하겠습니다. 은행 창구나 공공기관에서 번호를 알리는 벨로 자신의 순서를 확인하는 서양 문화를 식당 호출 벨로 발전시키면서도 누가 누구를 부린다는 생각을 하지 않는 한국인은 오히려 서양의 합리적인 평등에 더 가까운 민족인지도 모르겠습니다.

과학의 발달로 로봇이 음식을 배달해 주는 서비스를 하고,

메뉴를 태블릿에서 보고 주문을 하는 세상입니다. 이런 상황에서도 한국의 주문 태블릿에는 언제나 초기 화면에 '직원 호출'이 있지요. 테이블의 호출 벨은 한국의 맛집을 기억하기에 앞서 외국인들에게 가장 인상적인 한국식당의 아이템으로 여전히 회자되지 않을까 하는 생각이 듭니다.

왜
한국
인은
식당
아줌마를
이모라
부를
까
?

한국인들은 만나자마자 먼저 나이를 확인하고 많고 적음을 따져서 위아래를 정합니다. 그에 따라 오빠니 형이니 하는 가족 호칭으로 서로를 부르는 것은 전 세계에서 거의 한국인만이 지닌 사회적 관습이라 해도 과언이 아닐 것입니다. 한국인들에게 이런 나이에 따른 서열정리가 너무 익숙해서, 외국에서 처음 만난 상대에게 나이를 묻는 게 예의에 어긋나는 일이라고는 상상조차 하지 못하는 경우가 태반이죠.

한국의 유교 문화는 사실 전통적인 그것과는 거리가 있습니다. 차라리 '한국만의' 유교 문화라는 새로운 형태로 창출되었다고 하는 편이 정확해 보입니다. 그것은 한국인들에게 마치 공기와 같아서, 평소에는 그 존재도 자각하지 못할 정도지요. 하지만 그것이 한국인이 자신만의 색깔을 내는 데 아주 큰 베이스를 담당하고 있습니다. 이제 세계 어디에서도 유교적인 문화를 찾아보기 힘들지만, 한국인들은 여전히 그런 문화 속에서 살고 있습니다. 심지어 자신들이 세계에서 가장 '유교적인 민족'이라는 사실조차도 인지하지 못할 정도지요. 한국인들에게 그 사실을 이야기해주면, 그저 '당연히 그렇게 사는 것이 맞는 거 아닌가?' 하며 고개를 갸웃하기만 할 것입니다.

한국의 유교가 새로운 형태의 그것이라는 이야기와 한국이 '유교적인 민족'이라는 말은 언뜻 상충하는 듯하기도 합니다. 하지만 유교의 근본 덕목을 효孝와 제悌로 본다면, 한국인이야말로 그것을 가장 잘 실천하고 있는 민족입니다. 굳이 부연하자면, 여기서 '효'란 가부장에 대한 복종을 말하고, '제'란 손위의 형에 대한 순종을 말하는 것입니다.

유교는 효를 확대시켜 그 정신을 사회에서 완성하려고 합니다. 그러면 공자가 그토록 목이 터져라 외쳤던 소기의 목적을 달성하게 되는 것이지요. 사정이 이러하니 유교에는 가족 이외의 사회관계는 존재하지 않느냐는 우문을 던질지도 모르겠군요. 실제로 유교에서 모든 사회관계는 가족 개념 안에서만 이해될 수 있긴 합니다. 이런 유교의 영향은 한국인으로 하여금 이 사회를 가족의 연장으로 파악하게 했습니다.

동양의 전통 사회에서는 국가 같은 가장 큰 사회조직 역시 가족관계에 의해서만 파악되고 확장된 것이라 설명되었습니다. 당시 왕이나 황제는 백성들의 아버지로서 존재했기 때문에 국가라는 조직의 수장이라는 사회적 의미는 약했습니다. 국가라는 단어를 번역하면 '國(나라) 家(집, 혹은 가족)'이 되니 왕은 나라라는 집의 가장일 뿐이지요.

이 때문에 어느 사회보다도 유교적인 가치관에 함몰되어 살고 있는 한국인들은 일면식이 없는 남을 부를 때도 가족 간에 사용하는 호칭을 쓰는 것입니다. 예를 들어 길에서 처음 만난 나이 든 남자를 '아저씨'(아저씨라는 호칭을 너무 많이 사용해 그것이 가족의 호칭이라고 여기지 못하는 사람들이 있을지 모르겠으나 원래 아저씨는 친척 안에서 나이 든 남자 어른을 부르는 용어입니다)로 부르는 것이나 지하철에서 나이 드신 여성분에게 '할머니'라고 부르는 경우가 그것입니다.

외국인들은 드라마를 볼 때나 실제 한국에 유학 왔을 때, 손님들과 식당의 주인이나 종업원들이 전부 친척 관계가 아닌가 착각하기도 합니다. 식당이나 술집에 갔을 때 일하는 아주머니에게 젊은 손님들이 너무도 자연스럽게 '이모'라는 호칭을 쓰니까요. 한국의 식당가를 장악한 '이모'라는 호칭은 이미 외국인들에게조차 일반화된 지 오래입니다.

조금 다른 이야기이기는 하지만, 굳이 식당의 나이 든 여자 직원에게 '고모'가 아닌 '이모'라는 호칭을 사용하는 것에 대한 설명도 필요할 듯합니다. 한국은 전통적으로 엄마가 육아를 담당하는 유교적 가부장제 사회였다는 점에서 아버지의 여자 형제를 부르는 '고모'보다는 엄마의 자매를 부르는 '이모'라는 호칭이 어린아이들에게도 더 친숙합니다. 그리고 어릴 적 엄마와 함께 다니던 아이들에게 엄마의 친구들은 당연히 '이모'라고 불리기 마련입니다. 아무도 식당 종업원을 '고모'나 '작은아버지'라고 부르지 않는 것은 아빠가 아기를 데리고 다니면서 모르는 어른들을 호칭하는 경우가 거의 없다는 안타까운 현실의 반영인 셈입니다.

정작 유교가 발생한 근원지라 할 수 있는 중국의 경우, 선후

배끼리 그냥 이름을 부르는 것이 일반적이지, 이름을 부르지 않고 언니나 오빠라고 부르는 경우는 지극히 드뭅니다. 인도가 불교의 발상지임에도 불구하고 현재 불교를 주류 종교로 삼지 않는 것과 비슷하게 유교의 종주국이었다는 사실을 어디에서도 찾아보기 어려워져 버렸습니다. 중국이 혹독한 공산주의를 겪으면서 과거의 유교적인 관습을 없애버린 결과가 아닌가 조심스럽게 추정해 볼 수도 있을 듯합니다. 사실 중국에서는 엄마의 친구를 이모로 부르는 경우가 보이곤 합니다. 앞서 설명했듯 한국에서 이모가 고모보다 친숙한 호칭인 이유인 것과 같은 이유입니다. 그럼에도 불구하고 중국의 식당에서 여자 직원에게 이모라고 부르는 중국인은 거의 없습니다.

식당에서 일하는 여자 직원을 '이모'라 부르는 이유 중 하나는 한국의 식당에서 일하는 여자 직원들의 나이입니다. 카페에서 일하는 젊은 여자 직원에게 뜬금없이 '이모'라고 부르는 한국인은 없습니다. 한국의 식당과 술집은 대개 자영업이고, 직접 가게를 운영하는 자영업자 주인을 비롯해 식당에서 설거지를 담당하고 요리를 담당하는 사람은 어머니 또래의 중년 여성이 주류입니다.

물론 나이 든 중년 여성에 대한 한국만의 독특한 용어인 '아줌마'라는 호칭을 쓰는 경우도 없지 않습니다만, 한국에서는 집에서 먹는 집밥만큼이나 밖에서 먹는 한 끼의 식사도 그리고 술자리도 상당한 의미를 갖습니다. 그러한 이유로 식사를 하러 간 자리에서 필요한 반찬 등을 더 요구할 때, 거리감이 있는 '아줌마'라는 호칭보다는 엄마를 대신하는 '이모'라는 호칭은 자연스럽게 친근감을 확보해 줍니다. 잘 모르는 '아줌마'에게 받아먹는 음식이나 술보다는, 엄마를 대신하는 '이모'에게 챙겨 받는 음식과 술이 손님들에게도 훨씬 더 편안함을 느끼게 해주는 것이죠.

왜 한국인은 음식 가위를 사용할까?

한국을 찾은 외국인들에게 있어 반드시 먹어봐야 할 K-푸드의 대표적인 음식 중에서 갈비와 냉면을 빼놓을 수 없습니다. 그렇게 인터넷에서 한국의 유명한 맛집을 검색해서 갈빗집을 찾아간 외국인들이 놀라는 요소는 한두 가지가 아닙니다.

　　테이블에 붙어있는 호출 벨도 그렇고, 무료로 제공되는 화려한 밑반찬들이 그러하며, 고기를 구워준다고 앞치마를 하고 자신의 옆에 서서 고기를 굽는 것에서 잘라서 앞접시에 놓아주는 일을 하는 '이모'에 이르기까지 그야말로 놀라움의 연속이 아닐 수 없는데요.

　　여기서 외국인들의 눈이 가장 동그랗게 커지도록 하는 아이템은 아마도 왼손의 집게보다는 오른손의 가위가 아닐까 싶습니다. 외국에서, 특히 서양에서는 식사 테이블에서 혹은 주방에서 버젓이 가위가 등장하는 경우가 거의 없기 때문입니다.

　　고기를 먹기 좋은 사이즈로 자르는 것에서 시작해서, 냉면을 먹기 좋게 자르는 것, 심지어 고기를 다 먹은 불판 위에 김치와 콩나물을 올려놓고 통째로 자르는 경우에도 가위는 여지없이 등장합니다. 심지어 설렁탕집에 가면 김치와 큼지막한 깍두기를 직접 썰라면서 집게와 가위가 가지런히 놓여있는 모습을 볼 수 있고, 손님이 직접 고기를 구워 먹는 저렴한 고깃집의 경우, 아예 셀프서비스 코너에 집게와 큼지막한 가위가 통속에 담겨있습니다. 외국인들은 놀라지 않을 수가 없다는 표정으로 핸드폰 사진을 찍기도 합니다.

한국인들은 왜 언제부터 어떤 이유로 식당에서 그리고 식탁에서 가위를 사용하기 시작했던 것일까요? 전 세계인들이 모두 알고 있다시피, 가위 자체는 한국만의 독특한 아이템이 아닙니다.

가위의 역사는 기원전 1500년경 이집트로 거슬러 올라갑니다. 초기의 가위는 현재의 형태와는 상당히 달랐습니다. 단일 금속 조각을 U자 형태로 구부린 형태였는데, 금속의 탄성을 이용해 작동하는 방식이었다고 합니다. 이 초기의 가위 형태는 후대에까지 계속 사용되었는데, 현재 우리가 알고 있는 십자형 가위의 발명이 로마시대에 이뤄진 것으로 추정됩니다. 현재의 십자형 가위는 초기 형태에 비해 훨씬 더 정교한 절단을 가능하게 했고, 시간이 지나면서 그 정교함은 점차 개선되어 갔습니다. 중세 시대에 이르러 가위는 유럽 전역에 걸쳐 일반화되어 널리 사용되기 시작했습니다.

그렇듯 오늘날에 이르러 가위는 그 용도에 따라 다양한 용처에서 아주 쉽게 일반인들이 상용하고 있음을 확인할 수 있는데요. 종이를 자르는 공작용 가위, 정원에서 나뭇가지나 잎 등을 다듬고 가꿀 수 있는 원예용 가위, 머리를 자르고 꾸미는 이발용 가위, 환자들의 진료와 치료를 위해 병원에서 사용되는 의료용 가위에 이르기까지, 그야말로 전방위적이지요. 칼로는 할 수 없는 섬세한 작업이 필요할 때마다 가위는 그 역할을 톡톡히 해내고 있습니다.

가위가 대한민국에서 언제부터 사용되기 시작하였는지에

대해 문헌상으로는 정확히 나오지 않지만, 유적 발굴을 통해 유추해 볼 수 있습니다. 4~5세기경의 유적인 몽촌토성, 양산부부총, 금령총에서 가위로 추정되는 유물이 발견된 것이 가장 오래된 기록입니다. 삼국시대의 가위 형태는 가장 원시적인 유형으로, ∝ 모양에 가까운 것을 확인할 수 있는데요. 금속을 반으로 둥글게 구부러지게 하여 아랫부분이 위쪽 가윗날보다 가늘게 연마한 것입니다. 이후 통일신라시대 동궁과 월지 유적에서 발견된 가위를 보면, 초기 형태에서 발전하여 ×자형의 가위로 되었다는 점을 확인할 수 있습니다. ×자형 형태는 두 개의 철 구조에 한 개의 손잡이와 한 개의 날을 만들어 교차점을 못으로 결합해 만든 것이었습니다. 고려시대에는 초기의 ∝ 형태와 이후 보완된 ×자형 가위를 모두 사용한 흔적이 발견된 바 있습니다. 조선시대에는 ×자형 형태의 가위가 주류로 사용되면서, 사용자의 편의를 위해 손잡이 형태가 다양하게 변화하였는데 모두 좌우 대칭형이며, 조선시대 이후에 손가락 방향이 정해진 형태의 가위가 나오게 되었습니다.

　　정작 식당과 식탁에서 가위가 사용된 것은 대한민국에서도 생각보다 그리 오래되지는 않았습니다. 대체로 1970년대 후반부터 석쇠를 이용해 구워 먹는 고급 갈빗집이나 요릿집 등을 중심으로 손님의 편의를 극대화하기 위해 가위로 음식을 자르는 문화가 시작된 것으로 보고 있습니다.

특히 대한민국에서는 1980년대에 들어서면서 일반 가정에도 자가용이 널리 보급되면서 도심의 식당가가 아닌 그렇게 멀지 않은 교외 지역의 야외에서 고기를 구워 먹는 식당이 유행했는데요. 일명 '가든'이라는 이름을 단 고깃집들이 바로 이것입니다. 이런 식당에서는 종업원이 큰 덩어리의 소갈비를 잘라 고기를 직접 구워주는 서비스를 했습니다. 손님들이 먹기 좋은 사이즈로 익혀 앞접시에 대접하는 방식이지요. 이때 도마를 놓고 칼로 고기를 썰 수 없으니, 그 편의를 위해 가위를 사용하는 것이 일반적이었습니다. 그렇게 처음에는 종업원이 소갈비를 자르기 위한 것에서 출발했지만, 종업원들 사이에 그 편리함이 익숙해지면서 다른 요리에도 확장되어 사용되기 시작했습니다. 가령 후식으로 제공되는 냉면 같은 경우 그대로 먹기에 불편하지만, 가위로 자르면 편하게 먹을 수 있지요.

한편, 상대적으로 소갈비에 비해 저렴했던 돼지고기를 파는 식당에선 가위 사용이 조금 늦어졌다고 하는데요. 이것은 가격이 저렴했던 탓에 종업원들이 접대하는 방식으로 돼지고기를 굽지 않았다는 설명도 일부 합리적이라고 볼 수 있겠으나, 1990년대 이전까지는 특히 식당에서 돼지고기를 미리 얇게 썰어서 내어주는 방식이 많아 굳이 자를 필요가 없었다는 설명이 조금 더 설득력을 얻고 있습니다.

조금 정리해 보자면, 대한민국의 외식 식당에서 식사하는 테이블에 가위가 등장한 것은 고급 식당에서 손님이 먹기 좋게 대접하기 위해 숙련된 전문가들이 고기를 구워주며 최대한 편의를 제공하는 방편이었습니다. 여기에서는 손님을 접대하는 문화가 발달한 한국의 문화적 특성과 함께, 고기를 다시 주방에 가져가서 칼로 자르거나 손님의 앞에서 칼을 준비해서 고기를 써는 불편함을 배제한, 한국인의 합리적 실용성 역시 드러납니다.

물론 처음부터 대한민국의 고급 식당에서 주방용 가위가 안배된 것은 아니었습니다. 식당에서 가위를 막 사용하기 시작한 1980년대 초반까지만 하더라도, 주방용 가위가 따로 개발되거나 유통될 턱이 없다 보니 봉제공장이나 방직공장에서 옷감을 자를 때 쓰는 큰 주철가위를 사용했다고 합니다. 이 주철가위는 요즘 흔히 볼 수 있는 특화된 주방용 가위와는 달리, 물기를 바로 제거하고 기름을 먹여놓지 않으면 녹이 금방 슬고, 무엇보다 뾰족하고 날카로운 형태로 인해 칼만큼이나 위험한 느낌을 주기에 충분했습니다.

특히 1986년 아시안 게임과 1988년 올림픽의 개막을 앞두고 대한민국에 외국인의 방문이 많아졌는데, 이때 가위는 외국인들에게 비위생적이고 위험한 흉기가 식탁에 버젓이 놓여있다는 인상을 주었습니다. 그래서 결국 정부는 식당에서 재단용 가위 사용을 금지하도록 하면서, 위생이 보장된 주방용 가위 사용을 의무화하도록 규정하게 됩니다.

정부에서 의무로 규정하기 시작한 다음, 안전하고 위생적인 느낌을 주는 주방용 가위 디자인 캠페인이 대대적으로 진행되기도 했는데요. 현재 우리에게 익숙한 볼 수 있는 플라스틱이나 고무가 손잡이에 씌워져 있는 것이나, 주철 대신 녹이 잘 슬지 않는 위생적인 스테인리스 날로 디자인한 가위 등이 대부분 이 시기에 도입되었습니다.

　　대한민국에서 이렇게 주방용 가위가 발전의 발전을 거듭하며 일반화되는 사이에도, 해외에서 가위는 주로 종이나 박스, 옷감을 자를 때 사용하는 용도 이상을 넘지 않았습니다. 가위란 식탁에서는 사용하지 않는 물건이라는 인식이 강한 상태죠. 어떻게 생각해보면, 이미 무기로 인정받기 충분한 칼과 포크가 식탁에 주요 식사 도구로 사용되는데 가위가 추가되는 것이 뭐가 이상하냐고 할 수 있겠습니다. 하지만 서양의 식사용 나이프는 고기만 썰기 적합하도록 진화를 거듭하여 날에 약간의 톱날만 박혀있을 뿐 날이 서 있거나 끝이 뾰족하지 않다는 점을 염두에 두어야 합니다. 그런 서양 식사문화의 입장에서는 가위로 음식을 자르는 것이 불쾌하게 생각될 만도 합니다.

　　현재는 닭백숙을 자를 때는 물론이고 포기김치를 자르는 것에서 프라이팬에서 조리하는 데 이르기까지, 칼을 쓰는 것보다 훨씬 편리하다고 여겨지는 이유로 인해 조리용 주방 가위는 모든 대한민국 가정에서 필수 아이템으로 자리 잡았습니다. 이것은 합리적 실용성을 중시하는 한국인의 특성이 만든 새로운 문화라고 할 수 있을 것입니다.

그리고 그 발명의 시작에는, 접대를 받는 쪽이 최상의 편의를 제공받는다는 목적에 부합하도록 접대를 하는 쪽에서 먹기 좋게 실시간으로 바로바로 고기를 제공하려는 의도가 있었는데요. 이 역시 한국인들의 사고나 문화를 이해하는 데 있어 키워드를 제공하는 것이 아닌가도 싶습니다.

철판요리를 하는 요리사를 흉내 내겠다고 철판용 뒤집개나 칼을 집에서 사용하는 경우는 드뭅니다. 오마카세를 흉내 내겠다고 일식용 날카로운 칼을 집에서 사용하는 경우도 드물지요. 하지만 한국의 주방용 가위는 어느 집에서나 어엿한 가정용품으로 자리매김하고 있습니다.

왜 한국의 가정 에는 냉장고가 많을 까?

한국인의 집에 놀러 온 외국인들은 한국인들의 살림살이를 보는 것만으로도 여러 가지 이유로 깜짝 놀라곤 합니다. 이 중에서 조금은 신기한 포인트가 있는데요. 그것이 바로 여기서 이야기할, 냉장고를 두 대 이상 두고 사용한다는 점입니다.

물론 외국 가정에서도 집의 규모가 커서라든가 편의를 위해서라든가 등의 이유로 2대 이상의 냉장고를 두는 경우가 있긴 합니다. 하지만 한국 가정에서처럼 당연하게 냉장고를 2대 이상 쓰는 모습은 드뭅니다. 심지어 해외에 나가서 오래 살고 있는 한국인들의 가정에마저 그런 모습이 이제 일상적입니다.

먼저, 왜 한국 가정에 냉장고가 2대 이상인지에 대해서 그 연원을 살펴볼 필요가 있습니다. 냉장고는 대표적인 생활가전입니다. 가전제품인 동시에 필수 생활용품이기도 합니다. 한때는 냉장고 역시 혼수품의 대표일 때가 있었습니다만, 1인 가구가 어마어마하게 늘어나 버린 지금은 가구마다 냉장고가 있는 것이 당연하게 되었습니다. 즉, 이미 가구당 기본적으로 냉장고가 한 대는 있기 마련이라는 의미입니다.

처음 시작은 당연히 가족과 함께 생활하기 때문에 소가족이라도 가족을 이루는 것을 기준으로 계산합니다. 태어나자마자 1인 가정을 이루고 사는 사람은 없으니까요. 내가 태어났을 즈음부터 이미 우리 집에는 냉장고가 있습니다. 그런데 내가 크고 냉장고가 10년 이상 되기 시작할 무렵이면 어머니는 식사량이 많아진 성장기의 나와 내 형제를 생각하며 현재 냉장고엔 음식들을 넣을 공간이 부족하고 새로운 기능을 갖춘 새로운 냉장고 제품이 나왔다는 것을 묘하게 신경 쓰기 시작합니다.

살림을 전업으로 하는 주부든 밖에서 일하는 워킹맘이든 그것은 똑같습니다. 살림을 전적으로 하지 않는다고 살림살이의 욕심이 없는 것은 아니지요. 그런데 여기서 시대의 변화와 함께 한국인에게는 반드시 필요한 '김치'라는 것을 보관하는 특별한 전자제품이 출시됩니다. 한국에서 김치냉장고가 처음 출시된 것은 지금의 LG가 '금성사'라 불리던 시절인 1984년의 일입니다. 이른바 모델명 'GR-063'이 한국 최초의 김치냉장고로 출시되었죠. 그리고 당시 가전사의 라이벌이던 대우에서 탱크주의라는 이미지를 내세우며 이듬해인 1985년에 '스위트홈'이라는 브랜드로 소형 김치냉장고를 출시하게 됩니다. 참고로 이 당시에는 판매량이 너무도 저조해 1년 만에 단종하는 사태에 이르게 됩니다.

그렇게 김치냉장고가 처음 출시된 1980년대 중반 이후, 그것이 일반화되기 시작한 것은 이건희 회장이 이끄는 삼성전자가 본격적으로 김치냉장고 시장에 뛰어들기 시작한 1992년 이후의 일입니다. 김치냉장고의 대명사가 된 만도의 '딤채'가 출시한 것이 1995년 12월의 일이니 한국 가정에 김치냉장고가 플러스 냉장고에 일조한 것은 30년도 채 되지 않은 일이라는 것이지요. 여기서는 김치냉장고의 역사를 논하려는 것이 아니니 주석 격 설명은 이 정도로 하죠.

'김장'이라는 독특한 음식문화를 가진 한국에서 겨울이 오기 직전 김치를 대량으로 담그게 되면 그것을 담아둘 곳은 냉장고밖에 없었습니다. 일반주택에서 땅을 파고 항아리를 묻어 그 안에 김치를 보관하는 전통적인 방식에서 아파트가 일반 주거의 절반 이상을 차지하게 되면서 항아리를 묻을만한 공간은 없었고, 시어 빠진 김치를 먹고 싶지 않다면 김치를 쉬지 않게 제대로 보관할 수 있는 공간은 필수였던 것이죠. 그렇게 90년대 중반 이후 한국 가정에서는 김치를 보관하기 위한 김치냉장고가 냉장고와는 별개로 반드시 요구되는 생활가전의 하나로 자리 잡게 됩니다.

그런데 여기서 끝인가요? 아까 10년 이상 된 냉장고를 오래된 남편 보듯 하던 아내를 잊지는 않으셨겠죠? 아이가 사춘기를 맞을 즈음의 어머니는 기존의 낡고 작은 냉장고를 대체할 크고 최신 기능이 탑재된 대형 냉장고를 주방에 영접하는 데 성공하고야 맙니다. 한국에서의 생활가전 중에서 아빠가 TV에 진심이라면 엄마는 냉장고에 진심인 경우가 많으니까요. 세탁기나 에어컨 등과는 분명히 다른 성별로 구분된 명확한 영역개념이라고나 할까요?

여기서 한국인의 독특한 특징은 발현됩니다. 기존의 낡고 작은 냉장고를 버리지 않고 베란다나 기존 냉장고의 한 편에 보관용으로 사용하게 되는 거죠. 즉, 아직 쓸 만하다는 이유와 냉장고와 냉동고의 기능을 필요로 하는 보관물들이 적지 않다는 이유로 기존 냉장고는 당당히 생존해 그 존재가치를 유지하게 됩니다. '미니멀 라이프minimal life'라는 것이 한때 유행하며 집안에서 사용하지 않는 물건들을 정리하는 것이 대세인 듯했는데요. 그 대세의 흐름에서도 엄마들이 포기할 수 없었던 것 중 하나가 바로 이 냉장고입니다. 자연 상태에서 보관하면 안 될 것 같은 물건들이 많아서인지 아니면 10년 넘게 사용해서 애정이 묻어나서인지, 어쨌든 복합적인 이유로 인해, 냉장고는 그렇게 김치냉장고와 더불어 자연스럽게 2대의 냉장고로 공간을 차지하게 됩니다.

　　냉장고를 늘린 엄마들 입장에서도 할 말이 없지는 않습니다. 생활 패턴이 변화하게 되면서 시장이 아닌 마트로 장을 보러 가는 이들이 많아지고, 대형 마트에서 대량의 물품을 구매하는 것이 경제적이라는 마케팅에 장바구니가 대형화되기 시작하면서 그것들을 모두 넣어 보관할 냉장, 냉동 공간은 필수가 됩니다.

　　아이러니하게도 냉장 공간보다 냉동 공간을 더 필요로 하는 경향도 한국인들에게 보이는 특이성인데요. 즉, 바로 꺼내서 먹고 순환하는 냉장상품이 아닌 일단 넣어두고 오래 보관해야 한다는 식품들이 많다는 것입니다.

요리는 신선한 재료가 생명이라고 생각하고 요리를 하는 외국인 입장에서는 한국인들이 냉장고의 공간을 순환하기 위해 이른바 '냉장고 털이'(냉장고에 쟁여있던 재료들을 모두 꺼내 요리를 만드는 것)를 하는 것이 신기하기에 이를 데 없는 것이죠.

이러한 경향은 먹는 것이 충분하지 않았던 시절이 풍족했던 시기보다 더 길었던 한국인의 역사적 DNA가 그 배경에 깔려있다고 전문가들은 분석합니다. 고기를 대량으로 냉동고에 종류별로 구입하는 것이 그 대표적인 사례입니다. 또 앞서 분석한 바와 같이 간단한 메인 디시 한 가지만으로 식탁을 꾸리지 않고 다양한 밑반찬이 있어야 하는 음식문화의 특성도, 그 밑반찬들을 끼니때마다 만드는 것이 아니라는 점도 그 이유 중에 하나로 작용합니다. 반찬통에 밑반찬이 대여섯 가지는 있어야 바로 메인 디시 한 가지 정도 차려서 밥을 먹는 데 문제가 없기 때문이죠. 여기에 한국요리의 특성상 여러 가지 재료를 필요로 하기 때문에, 간단한 인스턴트 요리보다는 반가공되어 있거나 냉동상태에서 오래 보관해도 괜찮을 만한 (정말로 괜찮을지와는 상관없이) 재료들을 갖추고 있어야 마음이 편하다는 것은 덤이라고 할 수 있겠네요.

예컨대, 김치냉장고에 가득한 각종 김치와 냉장고의 밑반찬만 있다면, 그것들을 꺼내 국이나 찌개류 하나만 있으면 근사한 9첩 반상이 되고, 그것도 아니라면 당장 냉동고의 삼겹살만 꺼내 김치와 구워내 놓는다면 썩 나쁘지 않은 집밥이 되는 마법이 이루어지는 것이죠.

왜 한국인은 아파트에 살고 싶어 할까?

블랙핑크의 로제가 솔로로 내놓은 〈아파트〉라는 곡이 전 세계를 뒤흔들었습니다. 일본에서의 아파트나 미국의 아파트는 한국에서 말하는 아파트와 형태적 측면에서나 의미론적인 측면에서 크게 다르다는 것은 의외로 한국인들은 잘 모르는 사실입니다. 그만큼 한국인들에게 아파트란 오직 하나의 이미지로 굳어져 있습니다.

　　외국인들 가운데 대가족의 일상을 다룬 예전 한국 드라마를 주로 보아 왔던 이들은 하나의 주택에 3대가 같이 모여 사는 모습이 한국에서 일반적일 것이라고 예상하곤 합니다. 하지만 거대한 아파트 숲 한복판에 들어와서는 당혹스러움을 감추지 못하지요. 심지어 전통적인 한옥은 계획적으로 설계된 한옥마을이나 한옥 보존 지역 같은 특정한 장소에나 가야 구경할 수 있을 뿐이고, 일반적인 단독주택 지역을 벗어나면 거의 모든 지역에서 아파트가 주거 환경의 대부분을 차지한다는 사실을 알고 놀라는 외국인들의 모습은 제게 그리 낯설지 않습니다.

　　서양도 아닌, 같은 동양권이면서도 중국인들은 한국의 아파트에 열광했습니다. 한때 한국의 아파트를 열심히 자신들의 쇼핑목록에 넣곤 했는데요. 이 중국인들마저 가장 신기해하는 한국 아파트 문화는 단지 내의 모든 아파트가 통일된 구조와 인테리어를 가지고 있다는 점이라고 합니다. 중국에서는 아파트 내부를 주인이 직접 꾸미는 것이 보통입니다. 그래서 한국의 건설회사가 자신의 브랜드를 만들어 아파트 내부나 편의시설 등을 제공하는 것이 특이하게 보인다고들 합니다.

한국인들에게 왜 아파트에서 사느냐고 이유를 물으면, 아파트가 살기 편해서라는 대답을 가장 많이 듣습니다. 보안이 잘 되어 집을 비우고 다녀도 문제가 발생하지 않는 것에서 시작해서, 냉난방이나 전기, 무선 통신 시설이 완벽할 뿐만 아니라, 쓰레기 처리도 편하고 자연재해로 인한 피해도 거의 없다는 것입니다. 예전에는 한파가 몰아닥치면 수도 계량기 동파 사고가 뉴스를 타곤 했으나, 근래에 지어진 아파트들에서는 이런 일이 거의 없습니다. 게다가 최근 하나의 문화로 자리 잡은 택배를 받는 것도 아파트 쪽이 수월하지요.

아파트가 한국 주거형태의 절대다수를 차지하는 것은, 국토의 7할이 산으로 이루어진 한국의 지형적 특성과 '도시'라는 한정적인 공간에 가장 많은 사람이 주거할 수 있는 합리적인 형태의 주거시설이기 때문이라고 봐도 무방할 겁니다. 그럼에도 한국인들이 한국식 아파트를 굳이 더 선호하는 이유에 대해 분석을 해보면, 크게 몇 가지를 발견할 수 있다고 합니다.

첫째, 아파트가 중산층으로의 신분 상승을 위한 일종의 '승차권'으로 작용한다는 것입니다. 초창기 아파트가 갖는 거주인의 경제계층 이미지는 한국인들 모두에게는 무시할 수 없는 요소였습니다. 단독주택의 형태가 워낙 다양했기 때문에 단정적으로 말할 수는 없겠으나, 당시에는 도시개발 정비 사업에 의해 신규로 리모델링되거나 구옥 형태의 단독주택이 많았습니다. 반면 초창기 아파트에 거주했던 사람들은 대부분 '나름' 고소득층이었습니다.

한편 시간이 흐르면서 다양한 형태의 아파트가 대량으로 쏟아져 나오면서 최근에는 새로운 양상이 발견되기 시작했습니다. 바로 아파트를 시공한 회사의 브랜드에 따라 계층 분리가 이뤄진다는 사실입니다. 대형 건설사의 브랜드 아파트에 사느냐 그렇지 않느냐가 경제 신분을 결정짓는 새로운 기준으로 떠오른 것이지요.

국토교통부의 2022년도 주거실태조사를 살펴보면, 2006년에서 2022년 사이 우리나라 '주택보급률'(주택 수/가구 수)이 99에서 102로 늘었다는 점을 확인할 수 있는데요. 여기서 주목할 만한 사항은, 2006년만 해도 전국적으로 단독주택 비중이 44.5%로 아파트(41.8%)보다 많았으나 2022년 기준 아파트 비중이 51.9%(단독주택은 29.6%)로 크게 역전되었다는 점입니다. 갈수록 아파트 비중이 높아지는 가운데 아파트 거주 여부는 계층별로 다르다는 사실 또한 확인할 수 있는데, 2022년 수도권의 주거형태를 보면 저소득층은 34%만이 아파트에 거주하는 데 반해 고소득층은 75%가 아파트에 산다는 점이 통계를 통해 드러났습니다. 수도권 고소득층의 아파트 거주 비율은 16년 동안 10% 이상 증가했습니다. 아파트가 고소득층의 주거공간이라는 점이 여실히 증명된 것입니다.

둘째, 편리한 주거생활을 빼놓을 수 없겠지요. 아파트를 방문하는 외부인들은 대부분 경비실을 거치기 때문에 거주자들은 원치 않는 소통을 거부할 수 있고, 멀리 나갈 필요 없이 단지 안의 피트니스센터, 카페, 노인복지시설, 어린이집 등 각종 커뮤니티 시설을 이용할 수 있습니다. 아파트야말로 바쁜 현대인에게 적합한 주거형태라는 인식이 자리 잡힌 것이지요.

셋째, 재산 증식 수단으로서 환산가치가 크다는 점도 무시할 수 없습니다. 한국에서 은행으로부터 돈을 빌릴 때 담보로 자신이 사는 집을 제공할 경우, 아파트는 이미 그 기준이 잡혀있어 별도의 복잡한 가격 산정을 하지 않아도 됩니다. 'KB시세'라는 것이 기준이 되어, 같은 지역의 아파트라면 거의 같은 형태를 갖추고 있기 때문에 이미 면밀하게 그 가치가 분석되어 있기 때문이지요. 이러한 사실은 아파트가 부의 축적 수단으로 각광받는 부동산 아이템이었다는 사실을 방증합니다.

실제로 많은 전문가가 한국의 중산층이 팽창할 수 있었던 주원인을 아파트 투자에 따른 자산 증식에서 찾곤 합니다. 70년대 이후 급격한 경제성장으로 시중 유동성이 확대되자 실물자산인 부동산 가격이 오르기 시작했는데, 아파트는 단독주택과 비교해 환금성이 우수해 가격상승력이 높았고, 이에 전세금을 안고서 '갭투자'

라는 이름으로 전투적으로 재산증식을 하는 이들도 생겨났지요. 최근에는 경제성장 둔화와 각종 규제, 그리고 공급 증가로 인해 가격 상승력이 줄면서 투자 가치가 떨어졌지만, 서울 강남의 경우는 예외라는 말이 여전히 유효한 것도 사실입니다.

넷째, 한국이 현대화되면서 진행된 핵가족화와 여성의 사회적 지위 향상을 원인으로 들 수 있습니다. 앞서 설명했던 것처럼 드라마에 나오는 가정의 주거형태는 단독주택이 많았지요. 하지만 이는 드라마의 갈등을 표현하기 위해 다양한 캐릭터의 연결이 필요했고, 그렇기에 여러 사람이 모여 사는 단독주택이 설정상 유리했기 때문이기도 합니다. 하지만 이제는 드라마에서도 현실성의 반영으로 등장인물이 아파트에 사는 경우가 절대적인 것이 사실입니다.

아파트가 본격 개발되던 70~80년대는 핵가족화로 인해 4인 가족이 거주하기 알맞은 아파트가 상당한 인기를 끌었습니다. 현재 한국에서 33평 아파트가 보편적인 주거공간으로 받아들여지는 것도 그러한 배경이 작용했습니다. 최근 1인 혹은 2인 가정형의 소형 아파트가 33평형이 기본형이던 시대적 흐름을 변화시킨 것도 신축 아파트의 경향에서 여실히 드러나고 있습니다. 이와 아울러 여성의 경제활동이 늘어나면서, 가사 노동이 많이 요구되는 단독주택에 비해 상대적으로 가사 노동 시간이 절감되는 아파트로 수요자들, 특히 사회생활을 하는 여성들의 수요가 몰리는 것도 사실입니다.

마지막으로, 교통 편의성과 학군이 아파트와 더불어 형성된다는 점입니다. 주거문화가 아파트를 중심으로 이루어지면서 거대 생활권을 결정짓는 요소로 부상했고, 대단위 아파트 단지의 개발이나 구도심의 아파트 재건축 등에는 언제나 학군이 따라갑니다. 규모가 큰 신규아파트일수록 학군이 잘 형성된 곳에 입지하거나 학교가 병행되어 설치되기 때문에 '좋은(비싼) 아파트 단지=좋은 학군'이라는 공식이 성립하고 그 공식이 더욱 공고화되면서 해당 아파트 단지의 값을 올리는, 욕망의 순환구조를 형성하게 됩니다.

프랑스의 지리학자 발레리 줄레조 Valerie Gelezeau 는 1993년에 한국에 와 깜짝 놀랐습니다. 아파트로 꽉 차 있는 서울을 목격한 그는 "서울은 (아파트 때문에) 오래 지속될 수 없는 하루살이 도시"라고 평가했을 정도로, 우리 주거문화를 '비정상적'이라고 비판했습니다. 그러고 나서 10년이 지나 『아파트 공화국』이란 책을 출판했죠. 그가 현재의 서울에 와서 본다면, 그리고 아파트 숲이 전국을 더 꽉 채우고 있는 모습을 보게 된다면 '아파트 공화국'은 이제 어떤 이름으로 불리게 될까요.

왜 한국인은 서로 계산하겠다고 싸울까?

한국에서 여럿이서 음식을 먹게 되면 그 음식값을 계산하는 사람은 그때의 상황에 따라 다르긴 하지만, 나눠서 계산하는 경우는 그리 많지 않습니다. 물론 요즘 젊은 세대들의 경우는 많이 바뀌었다고는 하지만, 그럼에도 한국에서는 가깝지 않은 사람과 식사를 하게 되는 경우 식사를 초청한 사람이 계산하거나, 남자와 여자가 데이트할 경우 남자가 계산한다는 무언의 룰이 적용되곤 합니다.

과거에 한국인들은 서양인들이 음식점에서 각자가 먹은 것만 계산하는 것을 보고 꽤 당황하는 경우도 적지 않았답니다. 이렇게 음식값을 각자 자기 것만 내는 문화를 한국에서만 사용되는 영어, 즉 콩글리시로 '더치페이'라고 하는데요(국립국어원에서는 '각자내기'라는 용어로 번역한 바 있음). 이 용어의 원래 형태는 '더치 트리트Dutch treat'로, 네덜란드인을 싫어하던 영국인들에 의해 지금의 뜻이 되었다고 합니다.

한국인은 잔치를 벌일 때, 음식을 모두 한 상에 차려놓고 같이 나누어 먹는 것을 좋아합니다. 그렇게 음식을 같이 먹어놓고, 음식값은 따로 계산한다는 것은 오히려 복잡하기도 하거니와 어색하기 그지없는 것이죠. 음식을 같이 나누며 함께 먹는 사이라면 남이 아니라 이미 '식구' 사이입니다. 그렇게 함께 음식을 공유하는 식구 사이에 돈을 각자가 따로 내는 것은 그야말로 정나미가 똑 떨어지는 행위죠.

그렇다면 그냥 공짜로 먹을 수는 없고, 음식값을 누군가가
내긴 내야 하는데 과연 그게 누구여야 맞는 것일까? 여기에는 한국
인 사이에만 통하는 무언의 합의가 작용하게 됩니다. 사회적 지위
에 따라 돈을 내고 안 내고 하는 일이 이미 결정되어 버리는 경우가
많다는 이야기지요. 가장 먼저 꼽히는 기준은 바로 나이입니다. 한
국인에게 나이란 절대적인 기준이어서 위아래를 엄격하게 구분하
여 예의를 차리지요. 여러 명이 같이 음식을 먹게 될 경우, 일단 나
이가 많은 연장자가 돈을 내야 하는 의무를 가장 먼저 부여받게 됩
니다.

　　그다음에 고려해야 할 사항은 바로 직위입니다. 사회적 직
위, 조직 내에서의 직위, 그 무리 내에서 그가 갖는 위치 모두 해당
합니다. 상사(혹은 선배)와 부하(혹은 후배)가 같이 식사를 했을 때,
상사에 해당하는 사람이 음식값을 내야 하는 것은 한국 사회에서
그야말로 불문율입니다. 물론 예외가 없지 않긴 하지만, 원칙적으
로는 그렇다는 것입니다. 반대로 더 나이가 많고, 사회적으로나 조
직 내에서 더 위에 있는 사람이 더 나이가 어리고 위계가 더 낮은
이에게 '얻어먹는' 경우는 차라리 함께 식사하지 않는 것보다 못합
니다. 그다음 기준은 남녀 구분인데 물론 늘 그런 것은 아니지만 남녀
가 같이 음식을 먹을 때 남자가 사는 것은 사회적 통념으로 되어있었
습니다.

어찌 보면 사회적 위치를 감안할 때, 상위에 있는 사람이 밥
값을 내는 것은 한국 사회에서는 너무도 당연한 이치일지도 모릅니
다. 한국의 오래된 유교문화의 영향에 힘입어, 한국에서는 윗사람
으로서 해야 할 책무가 분명히 있습니다. 윗사람으로서 대접을 받
기 위해서는 모종의 대가를 치러야 한다고 보는 관점도 있습니다.
나보다 어리고 지위가 낮은 이들에게 이른바 '대접'이라는 것을 받
는 것이 유교문화의 잔재라 당연한 것만은 아닙니다. 위아래의 예
의범절을 현대에까지 유지하는 한국이라는 사회에서, 경제적으로
더 여유가 있는 사람이 식사비용을 낸다는 것은 자신의 사회적 지
위를 인정받기 위해 해야만 하는 권리와 의무의 조화라는 해설이
성립하게 되는 것입니다.

　　예컨대, 사회적 지위나 위치 등과는 상관없이 만나는 친구
나 동창들 간의 모임이 그러하고, 아이들의 학교로 연결된 학부모
모임이 그러하며, 취미를 위해 만난 동호회 모임 멤버 간의 식사도
그럴 수 있죠. 그래서 한국 사회는 더 발전하게 되면서, 식사비용
을 누가 낼지에 대한 그 어색함을 없애기 위해 '회비'라는 것을 만
들어 식사비용에 대한 한 개인의 부담과 스트레스를 해소하게 됩니
다. 여럿이 식사를 하게 되거나 하는 경우를 그 모임의 참여자들에
게 미리 돈을 걷어서 식사비용을 충당하는 것입니다.

　　그럼에도 여럿이 식사를 했을 경우, 자신의 순번을 놓칠세

라 화장실에 간다고 하면서 몰래 먼저 계산을 하거나, 계산할 타이밍이 되었을 때 쏜살같이 계산대로 달려가 먼저 계산을 하려는 것이 한국인의 흔한 모습입니다. 이는 내가 다른 이에게 얻어먹는 신세를 지지 않고 상대에게 베푸는 무형의 빚을 만들어두는 것이 더 편하다는 심리에서 출발하게 됩니다. 한국에서 식사는 식사 자체도 의미를 갖지만, 그 식사를 누가 대접했는가가 상당한 의미를 갖게 되기 때문입니다.

왜 한국 인은 한 겨울 에도 찬물을 찾을 까?

한국의 식당에 가면 가장 먼저, 냉장고 안에 있는 커다란 물병과 스테인리스 잔을 가져다줍니다. 따뜻한 물이나 미지근한 물은 아닙니다. 성에가 생길 정도의 차갑고 시원한 물을 따라줍니다. 한국 사람이라면 모두 당연하다고 생각하고 있지만, 외국인에게는 너무너무 신기한 일입니다. 입김이 나오는 한겨울에도 예외 없는 일이죠. 여름에는 동동 얼음까지 떠 있거나, 아예 꽝꽝 얼린 물통을 그대로 가져다줍니다.

식사 후 커피를 타는 경우가 아니고서는 그냥 마시기 위해 정수기에서 뜨거운 물을 받아오는 한국인은 여간해서는 찾아보기 힘듭니다. 정수기에서 뜨거운 물과 차가운 물이 나오는 것은 전 세계적으로 공통이라고 볼 수도 있겠지만, 얼음까지 나오는 정수기가 대중적인 상품으로 판매되는 곳은 한국이 유일하다는 사실도 알고 계셨나요?

한편 중국에서는 마시는 물은 당연히 뜨겁거나 미지근해야 한다고 생각합니다. 이런 문화가 상식으로 장착된 중국 사람들에게 한국의 얼음물 사랑은 너무도 이상한 일입니다. 반대로 중국이나 중화권 문화를 가진 나라를 찾은 한국인들이 식당에만 가면 가장 먼저 당혹스러워하며 찬물을 찾습니다. 이런 물 문화는 한국과 중국 사람들이 서로 이해하기 어려운 부분이지요.

그렇다면 왜 중국의 식당에는 차가운 물이 없는 걸까요? 한국 사람들은 중국인들이 그다지 위생적이지 못해 보인다고 넘겨짚 곤 하지만, 중국인들은 건강과 관련해서는, 특히 물에 대해서는 상당히 철저한 원칙을 가지고 있는 편입니다. 물은 차 문화와 연결되어 그들의 보양 문화의 기본 중의 기본으로 여겨지고 있지요. 중국인들은 의외로 위생과 건강에 대해 한국인들의 눈에는 상당히 민감해 보일 수밖에 없는 개념과 실천 수칙들을 갖고 있는데요. 예컨대, 중국에서는 가게에서 캔 음료를 살 때, 꼭 빨대를 줍니다. 중국인들은 음료를 마실 때 입을 대지 않고 빨대를 사용하기 때문이지요. 중국의 식당에서는 배달이 아니더라도 일회용 컵이나 종이 용기를 사용하는 게 보통인 것과 비슷합니다. 한국에서는 설거지의 불편함을 감수하더라도 일회용 용기를 잘 사용하지 않지요.

중국 사람들은 찬물이 우리 몸에 해롭다고 생각합니다. 실제로 소화기관은 온도에 매우 민감합니다. 식사 전에 차가운 물을 마셔 온도가 낮아지면 장기의 기능이 약해져 소화불량을 초래하기 쉽습니다. 반면 식사 전에 마시는 뜨거운 물은 소화기관을 따뜻하게 만들어주어 소화, 흡수, 배설이 원활하도록 도와주지요.

한편 중국은 대체로 식수의 질이 나쁜 편입니다. 그래서 중국에서 위생처리가 되지 않은 상태의 물을 그대로 마시면 병이 나기 쉬웠습니다. 반드시 끓여 마시는 것만이 건강상의 안전을 어느 정도 보장할 수 있었지요. 그래서 중국에서 차 문화가 우월한 위치를 점할 수 있었습니다. 한국은 식사 전에 차를 마시지 않지만, 중국에서는 식사 전에 따뜻한 차를 먼저 마시는 것이 자연스러운 수순이 된 이유입니다. 중국인들이 찬물을 마시지 않는 것에는 상당한 과학적 근거가 있는 셈입니다. 식수의 수준이 현저히 개선된 현재에 와서도 중국인들의 물을 끓여 마시는 문화는 쉽게 바뀌지 않았습니다. 오늘날의 젊은이들 역시 뜨거운 물을 마시는 문화에 자연스럽게 익숙해져 버린 상태죠. 어려서부터 찬물이 몸에 안 좋다는 교육을 받은 사람들이 찬물을 멀리하는 것은 당연하지요.

한국인이 식사 전이나 식당에서 찬물을 선호하는 문화의 배경으로, 한국의 음식 문화의 특성을 꼽기도 합니다. 중국 음식은 대체로 뜨거운 차나 물과 어울립니다. 한편 한국 음식들은 맵고 짜서 청량감을 줄 수 있는 차가운 물이 필요하다는 것이죠. 입안에 매운 음식이 가득 차 있는데, 뜨거운 물을 마신다는 것은 상상하기 어렵습니다.

가깝고도 먼 나라 일본인들이 따뜻한 물을 선호하지 않는다는 점을 보더라도, 음식문화가 마시는 물의 온도에 영향을 주었다는 이 의견은 신빙성이 있습니다. 일본 역시 차 문화가 발달했지만, 따뜻한 물과는 궁합이 맞지 않는 일본 전통음식들로 인해 일본인들은 식사 후에 차를 따로 마십니다.

한국의 옛이야기에 보면 목이 말라 물을 청하는 나그네에게

차가운 우물물을 떠다 주는 장면이 흔히 나오는데요. 이는 한국인들은 대개 물통을 가지고 다니지 않았으며 물을 끓여 마시는 문화도 없었다는 사실을 반영합니다. 한편 손과 가방에 개인 물병을 가지고 다니는 것은 중국에서는 아주 흔하고 자연스러운 풍경입니다. 중국에서는 기본적으로 식당에서도 물을 식전에 제공하지 않는 곳이 많습니다. 집에서 물을 늘 끓여 마시던 문화의 연장선일 것이라는 추측이 가능하지요. 한국에서는 식당에서 물통을 내주지 않는 곳을 찾아보기 어렵다는 점과는 대비되지요.

중국 사람들은 어린아이부터 노인에 이르기까지 뜨거운 물을 담을 수 있는 보온병을 가지고 다니며, 아무리 무더운 여름에도 그들은 냉수가 아니라 미지근한 온수를 마십니다. 중국에서는 기본적으로 식당에서도 물을 식전에 제공하지 않는 곳이 많습니다. 한국에서는 셀프일지언정 식당에서 물을 제공하지 않는 곳을 찾아보기 어렵다는 점과는 대비되지요. 요새는 한국 사람들도 저마다 생수병이나 테이크아웃 텀블러를 가지고 다니곤 하지만, 정수기의 뜨거운 물을 자기 텀블러에 받아서 마시는 사람은 드뭅니다. 차가운 음료를 선호하지 않는 중국의 문화는 맥주를 상온에 보관하고 있다가 마시는 중국의 노년층들의 모습을 보더라도 잘 알 수 있습니다.

하지만 최근 중국의 젊은이들은 냉장고에서 차갑게 해서 맥주를 마십니다. 그리고 여름에는 식당에서도 차가운 물에 얼음을 띄운 물통을 가져다주는 문화로 점차 변화하고 있습니다. 맥주는 물론이거니와 소주조차 냉장고에 들어있지 않으면 선호하지 않는 한국의 찬 음료 선호 성향은 주류문화에도 너무나 자연스럽게 그 영향을 미치고 있다 하겠습니다.

해외 여행지에서 생수를 통째로 얼려서 들고 다니는 사람을 만나셨다면, 아마 그 사람은 십중팔구 한국인일 겁니다.

왜 한국인의 모임은 한자리에서 끝나지 않을까?

한국인만의 독특한 문화를 설명하면서 회식과 뒤풀이 문화를 빼놓을 수는 없지요. 한국인들의 회식 문화에서 외국인들이 가장 이해하기 어려워하는 점은 결코 1차로 끝나는 경우가 없다는 점입니다. 회사원들의 회식 문화에서는 물론이고, 대학생들의 뒤풀이 문화에 이르기까지, 한국인들은 모임을 진행하면서 1차로 자리를 끝내는 경우가 거의 없습니다. 심지어 점심에 만난 엄마들끼리도 식당에서 식사한 다음 디저트 타임에는 찻집으로 장소를 자연스럽게 옮기곤 하니까요.

그렇다면, 한국인들은 왜 그렇게 2차, 3차를 좋아하는 민족이 되었을까요? 한국인의 전통문화인 제사를 살펴보면 그 실마리가 나옵니다. 제사는 모르는 사람이 참석하는 모임이 아닙니다. 말그대로 가족들이 모이는 자리이고 돌아가신 분을 추모하는 자리입니다. 망자의 기일은 매년 한 차례씩 돌아오죠. 민족의 대명절인 추석과 설에도 마찬가지입니다. 모두 제사가 메인 이벤트로 자리 잡고 있지요.

제사에서 가장 중요한 절차는 제사상에 음식을 차리는 것입니다. 전통적으로 제사상에 올리는, 혹은 돌아가신 분이 좋아하시던 음식들을 정성껏 상에 올려놓지요. 여기서 잠깐 생각해봅시다. 그 제사에 올렸던 음식들은 실제로 누가 먹나요? 당연히 제사를 준비하고 진행했던 모든 가족 구성원들이 함께 나누어 먹습니다. 메인 이벤트인 제사와 제사가 정리되고 난 뒤, 2차 모임이 분리되어 단란한 가족 간의 식사가 이루어지는 것이지요.

회사, 대학생, 학부모의 모임에서도 기본적으로는 메인 이벤트를 하고 나서 이루어지는 뒤풀이 같은 회식이 많습니다. 또는 식사 모임을 겸한 친목 도모 목적의 회식도 있지요.

여기에서 식사라는 행위가 갖는 의미 가운데 하나를 상기해 봐야 합니다. 이것은 한국이나 동양만의 문화가 아니고 서양에서도 마찬가지입니다. 인간에게 있어 함께 식사한다는 행위는 다양한 의미를 포함하겠지만, 그중에서도 친교를 강화한다는 요소는 빼놓을 수 없는 것입니다. 상식적으로 생각해 봐도, 가깝지 않은 이와 식사를 함께하는 일은 없지요. 이른바 '만찬'이라는 단어로 대변되는 행위의 상징성이 여기에서 나옵니다.

자, 그런데 지금 이야기하고자 하는 것은 만찬의 의미를 문화인류학적으로 분석하고자 함이 아닙니다. 한국인들이 왜 식사 1차로 모임을 끝내지 않고 2차, 3차, 4차로 끊임없이 자리를 옮겨가는가에 대한 분석이었지요. 한국인들의 모임은 단순히 식사에서 시작해서 끝나는 것이 아니라 자연스럽게 술자리로 이어지곤 합니다. 1차의 식사 자리에서도 술은 기본적으로 반주로 겸해지는 경우가 많은데요. 그렇다면 식사를 하면서 술까지 다 마셨는데, 굳이 2차로 가서 다시 본격적으로 마시는 것은 왜일까요?

술자리가 영업 접대에서 흔히 활용되는 이유는 맨정신에 딱딱한 분위기에서는 친교를 다지기 어렵다는 점이 큽니다. 식사와 술자리를 함께함으로써 이성적인 부분보다 감성적인 부분을 증폭시켜 너와 내가 함께 식사하는 '식구食口'이니 '이젠 남이 아니다'라는 의식을 상대와 공유하고자 하는 것입니다. 그래서 대개 접대에서는 을의 입장에서 모든 비용을 처리하지요. 대놓고 돈을 주는 뇌물공여 행위가 아닌, 함께 식사하는 보편적인 행위를 했다는 심리적 면죄부를 심리 기반에 깔아 두는 '보험'과 같다고 할까요?

그러한 접대와 달리, 친목 도모를 위한 자리의 경우, 자리를 왜 옮기는지에 대한 또 다른 합리적인 분석 의견도 있습니다. 한 자리에서 계산해야 하는 금액이 너무 많아지는 것을 막는 역할이라는 분석이 바로 그것인데요. 이것은 앞서 다뤘던 식사나 술자리의 비용을 그 자리의 한 사람이 결제하는, 독특한 한국의 문화와 연결되면서 설득력을 갖게 됩니다. 만약 한 자리에서 계속해서 먹고 마시는 경우 결제해야 할 금액이 기하급수적으로 늘어갈 위험성이 있기 때문에 한 사람에게 돌아갈 부담을 최소화한다는 설명입니다.

돈을 내는 사람들뿐만 아니라 얻어먹는 이들에 대한 분석도 존재합니다. 1차와 2차, 그리고 3차로 자리를 이동하면서 자연스럽게 먼저 갈 수 있는 사람이 어색하지 않게 자리를 이탈할 수 있도록 배려하는 틈을 마련해 준다는 것입니다. 그도 그럴만한 것이 실제로 1차에 돈을 낸 가장 높으신 분은 대개 2차까지 동행하지 않는 센스를 발휘하고 자리를 뜹니다. 혹여, 2차를 위한 법카까지 내어주며 2차 비용을 윤허하는 배려를 한다면 그는 그야말로 최고의 상사로, 술자리 뒷담화에서 열외 티켓을 받기도 합니다.

2차의 본격적인 술자리에 이어 대개 3차는 노래방으로 마무리되곤 합니다. 술이 어느 정도 차서 흥이 넘쳐흐를 정도가 되면 노래방으로 가서 그 흥을 가무로 마무리 짓는 거죠. 노래방이 끝나고 다시 출출해진 전우들은 새벽 해장국집까지 달리며 다음날을 맞기도 합니다.

왜 한국 에는 교회가 많을 까?

서울의 야경을 볼 기회를 잡은 외국인들은 눈에 들어오는 경악할 만한 그림들에 놀라게 됩니다. 도심의 군데군데 공포영화처럼 박혀있는 붉은 십자가 표식들이 바로 그것인데요.

한국이라는 나라는, 자국의 강력한 전통 종교가 없었던 것도 아니었음에도, 기독교가 전파된 지 불과 얼마 지나지 않아 크게 성공한 유일한 나라라고 해도 과언이 아닐 것입니다. 기독교가 탄생하고 근 2천 년 동안 전 세계에 걸쳐 전파되었지만, 정작 기독교가 주류 종교로 성공한 지역은 전통 종교의 조직화가 빈약했던 아프리카나 남아메리카 정도였습니다. 그 외에 아랍이나 인도, 중국, 중앙아시아, 동남아시아, 일본처럼 기존의 종교 색채가 확실히 존재하는 나라에서는 기독교가 고전을 면치 못했습니다. 그런데 유일한 예외가 바로 이 한국이라는 나라입니다.

그에 더해 한국은 세계에서 가장 큰 교회를 수도인 서울 한복판에 가지고 있는 나라입니다. 그 외에도 초대 대통령이 대놓고 선교를 장려한 기독교인이었고 그 후에도 교인 대통령이 많았다는 것 등등, 한국은 기독교와 관련해 참으로 많은 기록을 갖추고 있습니다.

역사적으로 본다면, 한국에서 기독교가 이렇게까지 성공할 수 있었던 것은 해방 후 미군정이 3년 동안 지속되었고 그 뒤를 이어 초대 한국의 대통령 자리에 오른 이가 기독교 신자였다는 사실이 결정적인 영향을 미쳤다고 할 수 있습니다. 한국이 일본의 식민치하에 있었을 당시만 하더라도 한국의 기독교 신자는 전 인구의 0.5%에 해당하는 10만 명 정도밖에 되지 않았습니다. 그 이후 1980년대에 800만 명까지 늘어나게 되면서 무려 초창기의 80배나 급증하게 되었으니, 그야말로 폭발적이고 비약적인 발전에 발전을 거듭한 셈이죠. 여기에는 무엇인가 비정상적인 이유가 있었다고 보는 것이 정상적인 추론이겠지요.

기독교가 미군정이나 이승만 정권으로부터 특혜를 받은 사례는 이루 헤아릴 수도 없을 정도로 많습니다. 예컨대 크리스마스가 처음부터 국가 공휴일로 지정된 것만 보더라도 그렇습니다. 우리에겐 너무도 당연한 일인 듯 무심히 넘어갔던 사실이지만, 동아시아의 다른 나라들은 크리스마스가 공휴일로 지정된 나라가 없거든요.

현재 많은 교회가 서울의 요지에 들어설 수 있게 된 배경을 살펴보면, 정계와 유착했던 기독교의 과거가 한층 더 잘 드러납니다. 개신교의 목사들은 한국의 정치적 현실에 일찍 눈뜨고 기민하게 움직였고, 미군정에 접근해 적산 가옥을 불하받았습니다. 대표적인 사례가 영락교회와 한국 기독교 장로회의 산실인 경동교회입니다. 아는 사람은 다 아는 사실이지만, 이 교회들은 모두 그 자리에 있던 일본의 천리교 사원 위에 세워진 것입니다.

도대체 왜 이렇게까지 기독교가 한국에서 주류 종교의 자리를 차지하게 되었는가에 대해서는 보다 더 깊이 있게 살펴볼 필요가 있겠습니다.

먼저, 그 배경에는 한국인이 기독교에 대해 좋은 감정을 갖게 된 원인부터 분석해 볼 필요가 있겠는데요. 이 의문에 대한 가장 설득력 있는 해설은, 나라 잃은 설움으로 핍박받던 한국인들에게 자신들보다 모든 면에서 앞선 서양인들이 믿고 따르는 기독교가 단순한 종교가 아닌 선진 문물과도 같은 의미로 받아들여졌다는 의견입니다. 한국인들은 일관된 쇄국정책으로 서양의 선진문화를 오픈 마인드로 받아들이지 못했고, 일본에 의해 강제로 식민지 경험을 겪은 이후 미국 문화의 침탈까지 받습니다. 이러면서 한국인들은 자국 문화를 낮추어 평가하는 열등감에 시달리게 됩니다. 그야말로 문화가 일종의 트라우마가 되어, 자신도 모르게 서양 문화를 선망하게 되었던 것이죠. 자기도 서양 문화의 핵심인 기독교를 공유한다면 기존의 바다에서 더 위로 올라갈 수 있다는, 묘한 콤플렉스의 해소를 한국인들은 꿈꾸었던 것입니다.

시작은 그러했으나 붉은 십자가가 도시의 야경에 흩뿌리듯이 박히게 된 것은 한국의 급격한 경제성장의 덕이 큽니다. 경제의 성장은 가팔랐지만, 그에 따른 문화나 정서의 성장은 그와 발을 맞추지 못했고, 그러한 상황들은 종교가 갖는 본래의 특성, 즉, 사람들이 실패와 좌절로 정신적으로 기대야 할 무언가가 필요할 때 그 필요를 채워주는 역할을 했습니다.

다른 한편으로 경제성장과 함께 급증한 이른바 '십일조', 즉 교회에 내는 돈은 개척교회가 거대 대형 교회로 성장해 나가는 핵심 자원이 됩니다. 십일조의 본래 의미와는 무관하게 그 돈은 교회의 물리적 확장과 목사의 지위를 공고히 하는 데 역할을 톡톡히 해냈고, 그 엄청난 자본력은 자연스럽게 정치권과 결탁을 하는 데에도 이용됩니다. 이러한 사실을 방증이라도 하듯이, 코로나 사태 당시 교회의 직접 예배에 대해 정부가 잠정적인 중단을 권고했을 때, 기독교 단체들은 하나같이 강력하게 반발했습니다. 온라인 예배를 하면 십일조를 송금하는 신도들이 지극히 드물었기 때문이라는 '웃픈' 원인 분석도 바로 이러한 설명에 설득력을 얹어줍니다. 교회가 종교가 아닌 사업이라는 풍자적인 지적도 이러한 배경에서 나온 것이겠지요.

초대 대통령이 특정 종교를 지지했던 기독교의 시작은 교회에 정치권과 모종의 밀월관계를 맺고 있어야 한다는 잘못된 신념을 심어주었습니다. 광화문의 한구석에서 '태극기부대'라고 불리던 이들 사이에 멀쩡히 목사를 자처하는 이들이 끼어있다는 것은 정치권과 결탁한 기독교의 현주소를 여실히 보여줍니다. 종교가 정치적 목소리를 내는 것이 지극히 이례적인 대개의 서양 국가들의 관점에서는 기괴하기 그지없는 광경인데요. 이는 한국의 기독교가 어떻게 성장해 왔는지, 그리고 그것이 왜 그렇게 왜곡되었는지를 여실히 보여줍니다.

숱하게 등장하는 한국의 사이비 종교들은 전혀 새로운 교리가 아닌 기독교의 성경을 베이스로 삼는 경향이 있습니다. 교주들이 자신이 바로 메시아라고 주장하는 것은 다른 한편으로 기독교가 얼마나 한국인들의 의식 세계에 깊이 침투해 있는지를 드러내는 증거이기도 합니다.

재미있는 것은, 미국의 청교도 문화에서 불륜이라든가 사기를 용납하지 않는 것처럼, 기독교 신자에게 신실함을 요구하는 기독교적 도덕률은 한국의 기독교에서는 보이지 않는다는 겁니다. 신실하지 않은 정도를 넘어서 범죄를 저지른 이들조차 끝까지 하나님을 입에 들먹이며 교인 행세를 하는 경우를 적지 않게 보곤 합니다. 물론 기독교인이 모두 착한 사마리아인처럼 행세할 수는 없겠지만, 종교를 전면에 내세웠던 이들은 그 규율을 어겼을 때 더 큰 비난을 받아야 마땅하지요.

교회 없는 동네가 없는 한국, 한국에 기독교가 파고 들어온 역사를 잘 모르는 외국인들에게는 여전히 생경할 수밖에 없는 부분입니다. 한국만의 독특한 기독교는 그야말로 한국식 기독교만의 특징으로 자리 잡은 상태라고밖에 설명할 수 없는 부분이 있습니다.

왜
한국
에
만
산후
조리원
이
있을
까
?

세계보건기구^{WHO}에서는 「산모와 아기를 위한 산후 처리」라는 문건에서 권고사항이라고 하여, "산모는 출산 후 24시간 동안 아기와 떨어지지 않고 모유 수유를 배우고 적절한 영양을 공급받아야 하며, 하혈 등의 건강상태에 대한 체크를 받아야 하고, 최소 24시간, 권장 48시간 동안 의료기관에 기거하며 보살피는 것이 필요하다."라고 설명하면서 산모가 의료기관의 전문적인 보좌를 받도록 권고하고 있습니다.

　　이 권고사항에 따르면, 의료기관의 관찰은 첫 하루나 이틀에 그쳐서만은 안 됩니다. "그래서 첫 1주일간은 외부활동을 하기보다 의료인의 방문을 통해서 진찰을 받아야 하며, 둘째 주에 해당하는 10~14일 이후부터는 산모와 아기 모두가 정신적인 변화를 겪는 시기이기 때문에 따로 보살핌이 필요하며, 특히 아이를 잃은 경우 주의를 기울여야 한다."라고 상세히 설명하고 있습니다.

　　사실 WHO에서 이런 권고를 전 세계적으로 공포하지 않는다고 하더라도, 아기를 출산한 산모가 신체 상태를 회복하는 것, 막 태어난 아기와 함께 건강한 상태를 유지하는 것은 세계 어디서나 중시됩니다. 그것을 위해 출산 후의 산모와 아기를 아울러 관리하는 이른바 '산후조리' 역시 세계 어디에나 존재합니다. 과거에 한국을 비롯한 모든 나라에서는 출산과 관련한 모든 프로세스가 가정에서 이루어졌습니다. 시간이 지나며 출산은 출산을 도울 수 있는 전문가가 있는 장소를 거쳐 전문적인 산부인과 병원으로 확대되었습니다. 오늘날 출산은 거의 모두 병원에서 이루어집니다.

'K-산후조리'는 전 세계 어디에서도 찾아볼 수 없는 한국만의 것이었습니다. 그런데 이것은 수년 전부터 대한민국에서는 마치 당연한 코스인 것처럼 유행하기 시작해서, 이제는 전 세계에 이 시스템을 비즈니스 모델로 수출하라고 정부 기관에서까지 권장하는 기현상이 일어나고 있지요.

네. 대한민국에서는 이제 모두들 아는 '산후조리원'이라는 것이 바로 그 'K-산후조리'의 정체입니다. 한국의 산후조리원에서는 병원에서 아기를 출산한 산모와 그 아기에게 WHO의 권고사항에서도 살펴본 전문적인 의료서비스를 제공합니다. 그 외에도 목욕에서부터 먹는 것을 지나 생활의 자잘한 부분에 이르기까지 특별 서비스를 해주지요. 산후조리원들은 이에 전문성을 강조하며 적지 않은 돈을 받고 있습니다. 통상 2주가 가장 일반적이긴 한데, 워낙 어마어마한 비용을 자랑하는 곳들이 많은 터라, 부담스러운 이들은 1주일 만이라도 지내는 경우도 있고, 오히려 2주보다 더 오랜 시간을 충분히 지내는 등 형태는 다양한 편입니다.

미국의 의료비용은 악명이 높은데요. 미국에서 출산을 위해 가장 기본적인 치료만 받더라도 그 돈이면 한국에서는 산후조리원 비용까지 모두 가능하고도 남을 것이라는 얘기도 있습니다.

한때 한국의 산후조리원 문화가 전 세계적으로 유일무이하다고 했지만, 해외 여성 스타들이 찾아와 이용할 정도로 한국의 산후조리원은 이제 새로운 전 세계적 한류 문화의 하나로 자리매김하고 있습니다. 중국은 물론, 몽골, 말레이시아 등에서도 한국식 산후조리원이 개설되기 시작했고 캐나다나 미국에서도 이러한 분위기는 이어지고 있습니다. 2010년 즈음부터 한국은 정부 차원에서 한국식 산후조리원을 비즈니스 모델로 지원하였습니다. 중국이 산후조리원의 원조를 자처하면서 발 빠르게 베끼기 시작, 자국에서의 산업화와 해외 수출을 시도했기 때문이었습니다.

해외는 물론이거니와 한국에서는 산후조리원들이 고급화를 추구하며 어마어마한 비용을 책정하기도 했습니다. 국내의 셀레브 여성 스타라는 이들이 출산할 때면 당연히 그런 산후조리원을 이용하게 되었습니다. 이것은 일반인들에게도 워너비 문화로 확산되면서 일반 저가형 산후조리원은 물론 초호화 시설과 관리 방식을 자랑하며 상상 이상의 비용을 청구하는, 최상위 호텔급 산후조리원에 이르기까지, 한국 사회에서 산후조리원은 전체적 불경기와는 상반된 호황을 누리고 있습니다.

역사적인 부분을 살펴보면, 한국은 산후조리에 대한 중요성을 일찌감치 인지하고 사회적으로도 그것을 보장하고 있었음을 확인할 수 있는데요. 세종대왕 당시의 기록을 살펴보면, 관청에 속한 여자 종이 출산을 한 경우에도 공식적으로 100일의 산후조리 기간을 보장했으며, 심지어 그 관비의 남편에게 30일의 산후조리 휴가를 주었다는 내용을 확인할 수 있습니다.

출산한 여성조차 귀한 노동력의 하나이던, 농경이 기반이었던 조선 사회 당시에도 오히려 지금의 산후조리원 문화보다도 훨씬 더 산후조리에 대한 중요성을 강조하고 다양한 시스템과 아이템이 등장했습니다. 그것은 출산한 여성의 노동력은 물론이거니와 노동력을 더 확보할 수 있는 아기의 존재를 고려한 것이었긴 한데요. 산모 아이 둘 다 무탈하게 건강한 상태로 자랄 수 있도록 하기 위한 노력이라고도 볼 수 있습니다. 민간풍속이기는 하지만 과학적으로도 의미를 갖는 금줄을 친다든가 순산을 비는 의례도 그러하고, 특히 산후조리에 좋다고 여겨지는 보양식을 위주로 한 식단도 산모의 회복과 아기의 건강 유지를 모두 중요하게 여긴 결과물들입니다. 한의학에서 강조하듯 산모가 찬 것을 접하지 않도록 여름에 출산한 산모에게도 버선을 신고 긴소매 옷을 입는 풍습 등도 산모를 위한 과학적인 노력이 체계적 산후관리로 이어진 것이지요.

앞서 설명한 바와 같이, 산모와 아기를 위해 전문 의료진이나 가족들이 산후조리를 도와주는 것은 한국만의 문화는 아닙니다. 그런데 왜 한국에서는 그것이 전문화되어 비즈니스 모델로까지 발전하게 되었을까요? 일차적인 원인은 오래전부터 한민족이 산후조리에 대한 중요성을 강조했던 문화를 가지고 있었기 때문입니다. 사회적 심리 전반이 출발점이 되었을 것이지요. 하지만 시간이 지나면서 한국인들에게 강화된 요소들은 따로 있습니다.

첫째는 급격히 이루어진 핵가족화, 출산 연령 고령화 및 저출산 경향의 영향을 꼽을 수 있습니다. 대가족이 중심을 이루던 당시에는 산파 정도만 집으로 불러들이면 그 이후로는 가족들이 새로운 아기의 탄생을 케어하면 되었고, 이 시스템에 특별히 다른 인력이 따로 마련될 필요가 없었습니다. 하지만 현재는 결혼하면서 새로운 가정을 이루게 되면 살림을 분리하는 문화가 일반화되어 있습니다. 산모의 남편이자 아기의 아빠가 산후조리에 전문적인 시식을 가지고 있느냐의 여부, 자신의 직업과 일상생활을 포기하면서 그 케어를 할 수 있는가의 여부는 의문이지요. 이 상태에서 아기를 출산하게 되면, 도움을 받을 수 있는 사람이란 친정엄마 정도입니다. 물론 지금도 그런 방식이 이어지고 있기는 하지만, 원래 함께 살지 않았던 장모가 계속해서 사위와 함께 생활하는 불편함이나 거리감들은 무시할 수 없습니다. 게다가 친정엄마가 와서 산모와 아이를 전문가 수준으로 케어할 수 있느냐 하는 문제도 여전히 있지요. 이러면 전문적인 케어가 가능한 사람에게 필요한 소정의 비용 정도는 충분히 지출할 수 있는 금액으로 여겨지기 마련이지요. 산후조리원이 새로 태어난 아기와 엄마는 물론이고 아빠에게도 가장 편하고 합리적인 방식이 된 것입니다.

경제적 상황의 변화 역시 산후조리원의 번창에 큰 역할을 했습니다. 과거의 여성들은 젊은 나이부터 대여섯 명의 아이를 낳는 것이 일상적이었습니다. 하지만 성혼연령이 늦어지고 출산이 고령화되면서, 사회생활을 통해 경제적인 여유를 가진 여성에게는 산후조리에 있어 다른 선택의 여지가 생겼습니다. 거기에 더해, 저출산 경향으로 인해 출산은 결혼과 비슷하게 일생에서 단 한 번 있는 사건이 되고, 그렇게 생각한다면 산후조리 비용의 부담 역시 충분히 감당할 만한 부분이 됩니다. 두 부부와 그 부부의 집안, 그리고 사회 구성원들에게 이런 공감대가 빠르게 퍼져 나갔던 것이지요. 정부나 지자체의 출산지원금 등의 경제적 지원이 산후조리에 집중되는 것도 이러한 맥락과 맞닿아 있습니다.

다음은 거주 공간의 부족과 새로운 소비패턴의 출현을 들 수 있습니다. 현재 살고 있는 집이 갖는 공간의 효율성이 산모와 아기를 위한 최적화된 공간은 아닙니다. 산모가 움직이는 집안 동선이 임신과 출산 이전의 몸 상태에서는 문제가 되지 않지만, 아기까지 있는 상황에서 과연 최적의 상태를 유지하며 혹시 있을지 모르는 돌발상황에 대응할 수 있는가는 미지수가 되는 것이지요. 이런 불안감이 보장되지 않는다는 부분도 산후조리원의 부흥에 일정 부분 작용한 것이라고 볼 수 있습니다.

여기에 한국인들의 공통되는 개성도 작용합니다. 트렌드에 민감하여 유행을 반드시 따라야 하는 성향, 셀레브를 필두로 사회 지도층이라고 하는 이들이 향유하는 라이프스타일에 대한 워너비 경향, 산후조리원을 이용하지 못하는 이들이 느낄 수밖에 없는 상대적 박탈감 등입니다. 그 덕에 산후조리원이 나타난 지 그리 오랜 세월이 지나지는 않았음에도 불구하고, 이제 마치 일반적인 상식처럼 모두가 산후조리원을 알아봅니다. 여행은 가되 숙소의 등급을 나누는 것처럼, 산후조리원을 가느냐 안 가느냐의 차원의 결정이 아니라, 어느 정도의 등급을 선택할 것인가를 고민하게 된 것입니다.

시대의 변화에 따라, 어느 사이엔가 한국 드라마 안에서도 출산하고서 병원이나 집에 누워있는 산모는 찾아보기 어렵습니다. 사회적인 현실을 반영하여 산후조리원에서 몇 주 동안 산후조리를 받고 아기와 함께 집에 돌아오는 모습이 자연스러워졌습니다.

한국에서는 여자가 임신했을 때, 그리고 출산하고 산후조리를 어떻게 했는지가 평생 서운함의 핵심에 남을 수 있는 시기에 해당한다는 사실을 모두가 인정하고 공감합니다. 조선시대 이후 가부장제가 확고해졌다고 하지만, 현대로 오면서 대한민국 사회에서의 여권신장은 세계화의 속도, 그 이상으로 빠른 속도와 성장의 일면을 보여주었습니다. 아내 쪽이 집안의 경제권을 좌우하는 것은 현대 한국에서는 전혀 이상할 것도 없는 현상입니다. 엄마이자 아내의 영향력이 커진 것도 당연하게 여겨지고요. 산후조리원에 과외의 돈이 투자하면서까지 그것을 이용하는 것이 옳은가에 대한 부분의 결정권이 산모 당사자나 양 가문의 어머니 입장에서 결정된다는 점을 감안한다면 역시나 이 부분에서도 산후조리원의 호황은 필연적이라고 하겠습니다.

나이가 고령인 산모가 출산하면서 전문적인 산후조리원을 통해 자신의 건강은 물론 아이의 건강도 챙길 수 있고, 남편이자 아빠가 겪을 불편함도 최소화하고 출산과 산후조리과정 전반을 효율적으로 관리받을 수 있으니, 그러한 측면만큼은 산후조리원이라는 모델이 이상적이라고 하겠습니다. 한국이 가장 먼저 현대사회에 적합한 산후관리 모델을 현실화한 것이라는 말이 나오는 이유죠. 하지만 '산후조리원 동기부터 아기의 사회생활이 시작된다'라는 등의 가스라이팅으로 고가 산후조리원 입원을 부추기며 사회 양극화를 추동하는 면에 대해서는 따로 좀 더 깊이 있는 고민이 필요할 듯합니다.

왜 한국인의 자살률이 높을까?

미국에서 일반적으로 많이 사용하고 있는 정신과 전공 서적에서 한국을 언급하면서 빈번하게 언급되는 내용 한 가지가 있습니다. 한국인들의 자살률이 세계에서 가장 높다는 사실입니다. 왜 미국 정신과 전문서적까지 언급하냐구요? 사실 그 내용에는 이민자의 경우 출신 국가의 자살률과 비슷한 경향을 보인다는 내용에 방점이 찍혀있기 때문입니다. 맞습니다. 그 나라를 떠나온 사람들마저도 자신이 새롭게 옮긴 나라의 영향을 받지 않고 자신이 뿌리를 둔 나라의 자살률과 같은 경향성을 보인다는 것은 그것이 그 나라의 특성과 무관하지 않기 때문입니다.

저는 사실 15년 전에 '한국인의 자살'이라는 주제로 책 출간을 준비한 경험이 있습니다. 집필을 결정하게 되었던 이유는, 정신적으로 힘들어 자살을 생각하는 상담 환자들 때문이기도 했지만, 당시 이미 한국의 자살률이 OECD 가입국 중에서도 10년 가까이 부동의 1위였음에도 불구하고 어느 학자도 그 이유에 대해 분석 논문이나 서적을 통해 명쾌하게 사람들에게 설명해주지 못하기 때문이었습니다. 2017년 단 한 해를 리투아니아에게 1위를 내준 것 외에 현재까지도 1위는 대한민국이 계속해서 차지하고 있습니다. 가슴 아프게도 말이지요.

여러분이 보도나 논문에서 보는 '자살률'이라는 용어는 통계상 인구 10만 명당 자살 숫자를 조사한 결과인데, 미국은 12명으로 세계 국가별 통계에서 중간 정도의 순위입니다. 반면 한국은 28명으로 미국의 2배가 넘는 수치를 기록하고 있으니, 미국의 정신과 전공 서적에 실릴 만도 한 것이지요.

자살을 통계적으로 접근해 보면 몇 가지 공통된 특징들이 발견됩니다. 자살하는 성비부터 살펴보자면, 전 세계 모든 나라에서 남성의 자살률이 여성의 자살률보다 압도적으로 높다는 사실을 확인할 수 있습니다. 여성이 남성보다 우울증에 걸릴 확률이 몇 배 이상 높다는 연구 결과와는 상반된 현실수치인 셈이지요. 한국인의 경우 남성의 자살률은 여성의 자살률보다 약 2.5배가 높습니다. 일본은 3배가 높고, 서유럽은 3 ~ 5배가 높고, 동유럽은 무려 5 ~ 6배까지 높습니다. 인종으로 변수를 확대하여 추가하면 더 복잡해지는데요. 백인이 다수 거주하는 국가들에서 남성의 자살률이 여성의 자살률보다 압도적으로 높다는 것을 확인할 수 있습니다. 미국에서 자살한 남성 중에서 백인이 70%를 차지한다는 것은 인구의 성비 중에서 흑인이나 황인종을 감안하더라도 독특한 변수로 작용한다는 것을 알 수 있습니다.

그렇다면 왜 한국인들의 자살률이 그렇게 높은지에 대한 문제로 다시 돌아와 볼까요?

한국인의 자살률이 전 세계에서 이렇게 오랜 시간 최상위라는 것은 자살이 한국에서 더 이상 나와 전혀 상관없는 것이 아니라는 의미이기도 합니다. 드라마나 영화에서는 이제 너무도 빈번하게 우리 주변의 현실이 되어버린 학교폭력으로 인한 자살이라던가 노령층의 증가로 인한 문제로 대두되는 노인자살, 경제적인 이유로 인한 가족동반 자살, 동반자살 사이트를 통한 자살 등은 이제 뉴스거리도 뽑히기도 어렵게 되었습니다.

　대한민국에서 실제로 자살한 이들의 케이스를 면밀히 분석해 보면 자살을 시도했던 이들의 60~72%, 자살사망자의 80%가 정신질환을 지니고 있었고, 그중에서 80~90%는 우울증의 결과로 추산되고 있습니다. 여기서 주목해야 할 부분은 평생 한 번이라도 우울증을 앓은 사람이 전체 인구의 5.6%(약 200만 명)에 달하는 것으로 나타났다는 점입니다. 조사 결과에 따르면, 실제로 한국인의 우울감·우울증 유병률은 36.8%(2020년)로 OECD 국가 중 압도적 1위입니다. 그럼에도 불구하고, 정신과 등에서 우울증 치료를 받고 있는 환자 수는 29만 명에 불과하고, 이 중에서 지속적으로 치료를 받는 사람은 고작 15만 명(15%)에 불과한 실정입니다. 자신의 문제에 대해서 의료적으로 인정하고 전문가에게 도움을 청하고 지속적인 '치료' 등의 도움을 받는 이들의 수치가 낮은 것이 한국의 자살률이 높은 가장 핵심적 이유로 꼽힙니다.

　한국에서는 아직까지도 전문적인 정신·심리 상담 치료를 기피하는 사회적 분위기가 여전히 만연합니다. 그 기피의 원인으로는 정서적 문제에 대한 대화를 금기시하는 문화, 정신과 치료에 대한 부정적 인식, 정신과 진료에 대한 기록으로 인한 불이익(취업, 보험 가입, 진료 기록 누출 시 타인의 부정적 인식)을 미리 걱정하고, 심리 상담 치료에 대한 인식이 현저히 낮기 때문인 것으로 조사되고 있습니다.

사회적 분위기가 한국을 자살공화국으로 만들었다고 해도 과언이 아니라는 증거도 또 있습니다. 무직자의 자살이라는 독특한 분류가 바로 그것인데요. 해고자들이 연이은 취업 실패와 재취업의 어려움으로 경제적 문제를 겪으면서 자살을 선택하게 되는 경우가 적지 않습니다.

구직자들을 대상으로 한 설문조사에서도 절반을 훨씬 넘는 수치의 구직자들이 '취업 스트레스로 인해 자살 충동을 느껴본 적이 있다'고 답했다는 것은 한국의 사회적 분위기가 어떻게 그들을 불안과 우울로 몰아넣는지 알 수 있게 합니다. 구직자들이 자살 충동을 느끼는 이유(복수응답)로 답한 내용을 보면, '영원히 취업을 못 할 수도 있다는 불안감 때문에'가 가장 많았고, '사회적 소속이 없다는 고립감'이나 '자신을 무능력하게 보는 주위의 시선', '낮은 외국어 성적', '경제적인 어려움', '출신학교·학벌' 등이 뒤따랐습니다. 이런 이유들을 가만히 살펴보면, 대개 개인적인 이유보다는 사회적인 시선에 신경 쓰게 되면서 자살 사고가 발생한다는 사실을 알 수 있습니다. 결국 한국의 최고 자살률에는 한국 사회가 가장 큰 책임을 배태하고 있다고 봐도 무방한 것이지요.

어느 나라나 어느 사회나 '우울'이라는 감정은 있습니다. 하지만, 중요한 것은 그것으로 인해 희망이 없다고 느끼거나, 삶의 출구가 없다고 느꼈을 때 도움을 줄 누군가가 있느냐는 것입니다. 나를 도와줄 누군가가 있다는 기대감은 그 어려움을 극복할 수 있는 원동력으로 작용하게 됩니다. 그러한 과정이나 계기가 없을 때, 아무도 나를 도와줄 사람이 없다고 느끼게 되는 감정에 부딪히는 순간, 우울은 '우울증'이라는 병리로 발병하게 되고, 그것은 자살 위험을 크게 증가시키는 요인으로 작동합니다.

'정情'으로 대변되던 한국의 사회가 어느 순간 자살을 부추기는, 그리고 조장하는 사회가 되었을까요? 우리 주변에서 사람이 40분에 한 명씩 죽어 나가도 아무렇지도 않게 자신이 갈 길을 가게 된 것은 아닌가 한번쯤은 돌이켜보는 시간이 되었으면 좋겠습니다.

왜 한국인은 그렇게 '빨리 빨리'를 외칠까?

한국인 하면 떠오르는 것을 외국인들에게 물으면 가장 많이 나오는 대답 중 하나가 '빨리빨리'입니다. 한국인들이 많이 찾는 동남아 여행지에서 한국어를 배워본 적이라고는 없는 현지인들에게 할 줄 아는 한국어가 있냐고 물어보면, '안녕하세요'와 '빨리빨리'가 나올 정도이기도 하지요.

도대체 한국인들이 어떻게 말하고 행동했길래 그들이 한국인을 대표하는 상징적인 언어로 '빨리빨리'를 꼽게 되었을까요? 그리고 실제로 한국인들은 무엇이 그렇게 바빠서 '빨리빨리'를 선호하게 되었을까요?

'전자레인지의 가동시간이 몇 초밖에 남지 않았는데도 끝까지 기다리지 못하고 취소 버튼을 누르거나 문을 열어버린다면 그것은 100% 한국인이다'라는 우스갯소리가 있습니다. 외국인들은 공공장소 엘리베이터에서 여간해서는 누르지 않는다는 닫힘 버튼을 끊임없이 누르는 사람들도 한국인이라는 얘기도 있죠.

실제로 한국인의 '빨리빨리' 문화는 전 세계 어디에서도 찾아보기 힘든 '퀵서비스'만 보더라도 확인할 수 있습니다. 오토바이로 바로 사람이 직접 이동하는 것보다 훨씬 빠른 속도로 서류나 물건을 배송해 줍니다. 또는 '총알배송'이라는 이름으로 다음 날 아침 출근 전에 아침상에 올릴 재료들이 배송된다든지, 한강에서 음식을 배달시켰는데도 음식이 식기 전에 온다는 사실은 외국인들에게 놀라움 그 자체죠. 한국인의 '빨리빨리' 문화는 이처럼 너무도 자연스럽게 한국인의 스탠더드로 자리하고 있습니다.

한국의 지하철 환승역에서 거의 경보 수준으로 걷는 사람들을 보면서, 공항에서 이미 움직이고 있는 이동 벨트 위에서 여전히 빠른 걸음을 재촉하는 것을 보면서, 뉴욕 같은 대도시에서의 사람들이 발걸음이 빠른 것과 크게 다르지 않겠냐고 말하는 이들도 없지는 않습니다. 그것은 한국인들의 '빨리빨리' 문화의 역사적 배경과 원인을 제대로 이해하지 못한 데에서 오는 피상적인 이해일 뿐이라 지적하지 않을 수 없습니다.

네덜란드의 세계적인 문화전공 학자인 게르트 호프슈테트Geert Hofstedt 교수는 전 세계의 문화를 비교문화적 시각에서 분석하는 틀을 제시한 바 있습니다. 이 연구에서 호프슈테트 교수는 세계 문화를 분류하는 지표 중에 장기적 안목 성향long-term orientation과 단기적 안목 성향short-term orientation이 있다고 설명합니다.

흥미로운 점은 한국이 이 지표에 있어서 장기적 안목 성향이 매우 강하게 나타난다는 점입니다. 이는 언뜻 보기에는 빨리빨리 문화와 모순되는 측면이 있습니다. 일을 빨리 해결하려는 욕구의 바탕에는 단기적인 안목이 연결되어 있을 것만 같기 때문인데요.

그러나 장기적 안목 성향은 바로 눈앞에 닥친 일에 대한 대처보다는, 먼 미래를 보면서 얼마나 고생과 노력으로 인내할 줄 아는가와 더 깊은 관련이 있다고 합니다. 호프슈테트 교수의 설명에 의하면, 한국 사람들은 불확실한 상황을 극도로 싫어하는 성향, 다시 말해 '불확정적인 것을 피하려는^{Avoiding Uncertainty}' 경향을 갖고 있다고 합니다. 이런 민족성이 현재의 '빨리빨리 문화'라는 것을 만들어낸 것이라 분석하고 있습니다.

불확실한 상황을 극도로 싫어하는 성향 덕분에 일단 눈앞에 닥친 일을 빨리빨리 신속히 처리하려는 본능이 작동한다는 것인데요. 이와 동시에 장기적인 미래를 바라보며 그 꿈을 이루기 위해 참는 힘 또한 대단한 민족이라고 합니다. 우리의 부모 세대가 가난하고 척박하던 시절에 온갖 고생을 하면서도 자식의 교육을 위해 희생해 온 그 인고의 세월이 바로 이러한 사실들을 증명합니다.

그렇다면 한국인들은 태생부터 이렇게 '빨리빨리 문화'의 DNA를 가지고 있었던 것일까요? 실제로 한국인들의 '빨리빨리 문화'의 역사는 그리 오래된 것이 아닙니다. 영국 여행가이자, 지리학자였던 작가, 이사벨라 버드 비숍은 1894년부터 1897년까지 조선을 네 번이나 방문하면서 느꼈던 점을, 『한국과 그 이웃 나라들』이라는 저서를 통해서 기술한 바 있는데요. 비숍은 그 책에 한국인들을 묘사하면서 '게으르고 느리다'라는 점을 특징으로 지적합니다. 그의 설명에 따르면, "조선이 개혁이 되었다고 하지만 한국은 아직도 두 계급, 바로, 약탈자와 피약탈자로 구성되어 있다. 면허받은 흡혈귀인 양반 계급으로부터 끊임없이 보충되는 관료계급, 그리고 인구의 나머지 5분의 4는 '하층민'인 평민계급이 그것이다. 후자의 존재 이유는 피를 빨아먹는 흡혈귀에게 피를 공급하는 것이다"라고 아주 적확하게 한국의 사회를 비판하고 있습니다. 이러한 사실은, 봉건 계급사회의 잔재는 없어졌지만, 그보다 훨씬 더 계층이 공고해진 현대에 이르러서도 여전히 적용될 수 있는 분석이 아닐 수 없겠습니다.

'빨리빨리 문화'는 한국전쟁과 박정희 군사정권에 의해 추진된 중앙집권식 경제개발로부터 시작되었다고 보는 견해도 설득력이 있습니다. 서구의 역사에서도 알 수 있듯이, 산업화에 비례해서 삶의 속도는 빨라지게 됩니다. 1960년대부터 우리나라의 경제가 빨리 성장하다 보니 '빨리빨리 문화'는 자연스럽게 마치 원래부터 우리가 가지고 있던 문화처럼 우리 삶에 녹아들게 되었다는 것이 그 설명입니다.

물론, 모든 산업화를 거친 민족들이 모두 같은 '빨리빨리 문화'를 가진 것이 아닙니다. 그것이 한국의 특징으로 안착한 것은 복합적인 다른 원인들이 더해졌기 때문입니다.

빠른 두뇌 회전이 그 첫 번째 조건입니다. 머리가 따라주지 않는데 그저 '빨리빨리'를 외친다고 그것이 민족적 특징으로 자리잡을 수는 없지요. 기본적으로 일을 파악하고 그것을 습득할 수 있는 자세를 갖추어야만 '빨리빨리 문화'는 자리 잡을 수 있습니다.

두 번째 요인은, 절박한 환경입니다. 농경사회에서도 한국인들의 기본적인 마인드에는, 때를 미리미리 준비하지 않아 시기를 놓치게 되면 1년 농사를 망칠 수 있다는 절박함이 있었습니다. 농경이 현대화된 시기에 이르기까지 한국에는 '보릿고개'가 여전히 존재했을 정도로 한국인들은 먹을거리가 충족되지 못하는 삶을 살았습니다. 때문에 끼니를 걱정할 만한 상황을 맞지 않게 하기 위해서, 한국인들은 모든 일을 빠르게 처리해야만 했습니다.

4계절이 뚜렷하여 계절의 변화가 빠른 환경, 외적의 침략이 잦았다는 역사적 요인도 결코 무시할 수 없었을 것입니다.

최근에는 스마트폰으로 실시간 업무 대처가 가능하고 외국에 나가 있어도 통화가 가능하다 보니 '빨리빨리'의 조급증은 오히려 더욱 심해질 수밖에 없습니다. 이메일뿐만 아니라 문자 또는 SNS를 확인하지 않거나 확인하고도 대답을 늦게 하면 한국인들은 '왜 빨리빨리 답을 하지 않느냐, 그것은 예의가 아니다'라는 핀잔을 쏟아내기 일쑤지요. '빨리빨리' 문화가 한국인에게는 너무도 당연하지만, 한국 문화에 익숙지 않은 외국인들은 당황을 넘어 공격성까지 느끼게 한다고 할 수 있습니다.

2장

열광하고

집착하는 것들

왜
한국
인은
매운
음식
에
열광
할까
?

114
115

한국인을 설명하는 데 음식문화는 빼놓을 수 없는 분야 중의 하나일 것입니다. 음식문화와 관련된 이야기가 한국인이라는 주제 중에서도 비중을 너무 많이 차지하지 않나 싶을 정도죠. 그중에서도 '한국인을 상징하는 맛'으로 대표적으로 언급되는 맛을 빼놓을 수 없습니다. 네, 바로 '매운맛'입니다.

세계적으로 외국인들이, 특히 일본인이 한국인을 떠올릴 때 가장 먼저 떠올리는 맛은 김치와 고추장으로 대표되는 매운맛입니다. 김치에서 시작해서, 떡볶이 등 매운맛을 강조한 먹거리들은 이미 외국에서도 한류의 대표주자로 K-컬처를 선전하는 데 앞장서고 있습니다.

한국인의 매운맛 사랑은 매운맛과는 전혀 어울리지 않을 것 같은 메뉴에도 자연스럽게 침입하면서 한국인의 취향에 맞는 음식으로 재탄생시키기도 했습니다. 매운 돈가스가 그러했고, 매운 피자가 그러했으며, 매운 갈비찜부터 매운 닭발과 불족발에 이르기까지 한국인의 매운맛 사랑은 영역을 가리지 않고 더 넓고 깊어져만 가고 있습니다.

특히 유튜브 등의 개인 미디어의 발달과 맞물리면서, '매운맛 챌린지'가 큰 인기를 끌었는데요. 이른바 불닭볶음면의 먹방에서부터 시작된, 매운 것을 먹고 고통스러워하는 모습이 외국에서도 인기 콘텐츠로 발돋움하고 있죠. 세계인들에게 한국인들이 얼마나 매운맛에 진심인지 잘 알려주고 있는 셈입니다.

사실 매운맛은 맛이 아닌 통각, 즉 통증입니다. 그럼에도 불구하고 한국인들은 '맵부심'이라는 단어를 탄생시키며 매움을 참는 것에 자부심을 느끼고, 서로 매운 것을 잘 먹는다고 서로 경쟁하고 있지요. 게다가 매운맛의 종주국은 한국이 아닙니다. 좀 더 정확하게 말하자면 종주국이 따로 있는 것이 아니긴 하지만요.

매운맛의 원조를 설명하자면, 그 베이스가 되는 '고추'의 역사부터 살펴보지 않을 수가 없는데요. 고추는 스스로 매운맛의 종주국이라 여기는 또 다른 나라 멕시코에서 시작됩니다. 연구 결과에 따르면, 1만 년 전 멕시코 지대에 살던 원주민들이 이미 인류 최초로 고추를 식용작물로 키워서 먹기 시작했던 것입니다.

멕시코 이외에도 매운맛의 원조를 자처하는, 맵부심으로 똘똘 뭉친 지역은 적지 않습니다. 중국의 매운맛, 마라로 대표되는 쓰촨성 사람들이 대표적이지요. 그뿐인가요? 태국의 이싼 지방에도 맵부심이라면 결코 뒤지지 않을 사람들이 살고 있습니다. 그들은 음식마다 캡사이신이 듬뿍 담긴 레시피를 매일같이 식탁에 내놓습니다. 베트남은 또 어떤가요? 베트남전에 파병되었던 이른바 월남파병 용사들이 그곳에서 고향의 맛을 느껴보겠다고 김치를 담글 때, 현지에서 발견한 '월남고추'를 한국의 고추 정도인 줄 알고 넣었다가 피눈물을 흘렸다는 이야기는 당시 파병을 갔던 우리 윗세대

어르신들에게 전설처럼 전합니다.

한국에 고추가 도입된 것은 17세기 되어서의 일입니다. 김치에 고추를 넣은 것도 그리 오래지 않은 일이고요. 영조 42년 (1766년)에 유학자 유중림이 홍만선의 『산림경제山林經濟』를 늘리고 보충하여 간행한 『증보산림경제增補山林經濟』라는 농업책을 보면, 김치에 처음으로 고춧가루를 넣었다는 기록을 확인할 수 있는데요. 여담이지만 조선의 왕 중에서도 상당히 오래 살아 장수를 기록한 영조 자신도 유독 고추장을 좋아했다는 기록이 엿보입니다.

그나마 최근 들어 한국의 가장 매운맛의 원조라고 통하는 청양고추마저도 그 탄생에 대한 다양한 원산지 유래설이 있긴 하지만, 공통된 사실은 청양고추가 한국의 순종이 아닌 신품종으로, 개량종으로 개발되었다는 사실입니다. 그리고 개발되고 난 뒤, 상용화된 것은 80년도 중후반이지요. 즉, 우리의 고추 역사는 생각보다 그리 오래되지도 깊지도 않다는 점이죠.

그러니 이제 매운맛 종주국이니 맵부심이니 하는 유치한 자존심은 좀 놓아두기로 하고, 그럼에도 불구하고 한국인들이 왜 그렇게 매운맛에 진심이고 매운맛에 열광하는지 다시 알아보기로 하죠.

매운맛의 원인은 잘 알려져 있듯이 화학물질인 '캡사이신 capsaicin'입니다. 캡사이신은 우리 몸의 교감신경을 활성화함으로써 엔

도르핀 분비를 촉진시킵니다. 그래서 스트레스받는 일이 있거나 힘들면 자신이 엔도르핀을 분비했던 경험을 떠올려 자연스럽게 매운 음식을 찾게 되는 것이죠.

매운맛이 통각이라고 설명하긴 했지만, 이 통증이 실제로 사람의 심신에 도움이 된다는 사실은 식품영양학상으로 이미 널리 알려져 있습니다. 하버드 공중보건대의 연구 결과에 따르면, 하루에 한 번 매운 음식을 섭취한 사람은 일주일에 한 번 섭취한 사람보다 사망률이 14%나 더 낮다고 합니다. 고추에 함유된 비만과 노화를 억제해 주는 캡사이신과 비타민C 등 생리활성 물질이 사망률을 낮춘 것으로 추정한다는 것이 해당 연구의 결과였습니다.

캡사이신은 진통 효과까지 발휘한다고 알려져 있는데요. 수술 상처에 직접 캡사이신을 투여한 환자가 다른 환자에 비해 통증을 덜 느꼈다는 연구 결과가 그 이론을 입증합니다. 체내 신경 말단에서 통증 전달물질로 알려진 'P물질'이 분비되는 것을 저하시키는 원리라고 하네요.

왜 갑자기 한국인의 매운맛을 설명하다가 말고 의학프로그램 흉내를 내냐구요? 바로 한국인의 매운맛이 폭발하기 시작했던 역사적 시점들이 한국의 사회적 굴곡과 궤를 같이한다는 설명에서, 그 과학적인 근거들이 밑밥으로 깔리기 때문입니다.

한국사회의 고도성장과 그로 인한 농경사회로부터 산업사

회로의 급격한 변화는 이촌향도를 가속화시켰습니다. 혈혈단신 대도시로 올라오기 시작한 농촌 구성원들이 낯선 이익사회에 빠르게 적응하려다 보니 극심한 고립감과 불안감에 시달리게 되었지요. 그리고 그 스트레스를 매운 음식을 통해 잠시나마 잊고자 했던 것입니다. IMF사태 이후 한국인의 매운맛 열풍이 더욱 강해지며 사회적으로 대세를 점하게 되었다는 사실도 역시 이와 같은 견해로 설명됩니다.

왜
한국
인들
은
치킨
을
좋아
할까
?

K-드라마나 영화를 통해 한국의 문화에 익숙해진 전 세계인들에게 한국의 '치맥 문화'란 한국의 식문화 가운데에서도 대표격인 위치를 차지하고 있지요. 특히 한국인들의 파티 음식 하면 곧 치킨으로 통하고 있습니다. 예컨대, 야구장에서 야구 경기를 볼 때 그렇고, 집에서 축구 경기를 볼 때 당연히 시켜서 먹어야 하는 음식의 공식이 치킨과 맥주처럼 되어버렸다는 얘기입니다.

그런데 여기서 질문을 던져봅시다. 한국인의 닭 소비량이 전 세계적으로 그렇게 어마어마할까요? 그렇지 않습니다. 아이러니하게도 한국의 1인당 닭고기 소비량은 1년에 19.9kg으로, 경제협력개발기구 회원국의 평균인 27.5kg의 2/3 수준에 불과합니다.

그럼에도 불구하고 왜 한국인들의 치킨 사랑이 이렇게 두드러지게 된 걸까 의아하실 테죠? 제목에 다시 한번 주목해 주세요. 한국인의 닭 사랑이 아닌 '치킨 사랑'이라는 사실을 눈치채셨나요?

한국인들의 치킨 사랑을 통계로 살펴보면, 코로나 사태 직전이던 2019년에 발표된 KB경영연구소의 보고서에 따르면 전국의 치킨 매장은 전 세계 맥도널드 매장 수(3만 5,429개)보다 약 두 배가 더 많은 약 8만 7,000개였다고 합니다. 국내 치킨 프랜차이즈 브랜드만 하더라도 400개가 넘는다고 합니다. 전체 외식 프랜차이즈 가맹점 중 치킨집은 21.2%로 가장 큰 비중을 차지합니다. 농림축산식품부의 '외식 소비행태 조사'에서도 치킨은 2015~2020년

6년 연속 배달 음식 1위 자리를 놓치지 않고 수성해 왔습니다. 이 정도 되니 한국인을 '치킨의 민족'이라 부르는 것도 무리가 아닐지 모르겠습니다.

한국에서 치킨의 시작은 그리 오랜 옛날의 일이 아닙니다. 1960년대 이전까지 한국인들은 백숙 등 국물을 내는 방식으로 닭을 요리해 먹었습니다. 1960년 서울 명동의 '영양센터'에서 국내 처음으로 전기구이 통닭을 팔기 시작한 것으로 통닭의 계보가 시작되었는데요. 이때의 통닭은 소금과 후추로 밑간을 한 닭을 통째로 구워 내놓는 형태였습니다. 지금 재래시장이나 가끔은 트럭에서 파는 구운 통닭의 원조 정도라고 보시면 되겠습니다.

오늘날 한국인들이 즐겨 먹는, 기름에 튀긴 치킨이 우리나라에서 처음 등장한 것은 바로 1977년이었습니다. 이 치킨을 탄생시킨 창업자인 유석호 대표는 1975년 미국 KFC에 직접 가서 치킨을 튀기는 기술을 배워왔다고 합니다. 그리고 1977년 신세계백화점 본점 지하 식품관에 처음 '림스치킨'이라는 치킨집이 문을 열게 됩니다. 닭을 '통째로'가 아니라 KFC 스타일처럼 조각을 내어 먹기 좋은 사이즈로 만들어 팔았고, 기존 방식처럼 굽지 않고 기름에 튀겨 냈다는 점에서 기존 통닭 요리들과는 확연한 차이를 드러냈습니다.

비공식 기록을 찾아보면, 이른바 프라이드치킨은, 1747년 영국의 요리사 해너 글래스가 처음으로 그 레시피를 발표했다고 합니다. 이때의 프라이드치킨의 겉모양이나 맛은 현재 우리가 알고 있는 프라이드치킨과는 상당한 차이가 있었다고 하네요. 이후 미국에서 KFC가 1952년에 문을 열고 영업을 시작해서 치킨 프랜차이즈의 대중화를 선도하게 됩니다. 한때 창업자인 커널 샌더스만의 영업 비밀이었던 압력기를 통한 닭 튀겨내기의 비법이 한국으로 전해져, 새로운 프라이드치킨의 장을 여는 데 결정적인 공헌을 했습니다.

1970년대에는 타이밍 좋게도 육계(식용 닭)의 대량생산이 시작되었고, 동방유량에서는 '해표 식용유'의 유통을 개시했습니다. 이런 것들이 자연스럽게 치킨 대중화의 발판으로 이어지게 됩니다. 1979년에는 롯데리아에서 조각 치킨을 팔면서 통닭만이 있던 사람들의 뇌리에 부위별로 나눈 닭 요리도 있음을 각인시켰습니다. 1980년대 초에는 동네에 크고 작은 프라이드치킨집들이 생겨나기 시작했습니다. 그리고 1984년엔 당시 세계 최대 치킨 브랜드였던 KFC가 드디어 종로에 입점하게 됩니다.

그리고 마침내, 1980년대에 이르러, 한국인이 한국인의 손으로 한국인의 입맛에 맞는 치킨 메뉴를 개발해 내기에 이릅니다. 바로 '양념치킨'입니다. 1985년 대구 계성통닭(오늘날의 멕시칸치킨)을 차린 윤종계 씨가 그 주인공이었는데요. 이후 대전의 페리카나를 비롯해, 처갓집양념치킨, 멕시카나, 장모님 치킨 등 양념치킨을 대표 메뉴로 하는 브랜드가 줄지어 등장했습니다.

그런데, 이런 유구한 역사 속에서도 우리나라가 '치킨 공화국'이 된 결정적인 계기가 있었으니, 1997년의 외환위기였습니다. 당시 BBQ는 외환위기로 하루아침에 일자리를 잃은 가장들을 겨냥해 가맹점 모집 광고를 내게 되는데요. '명퇴(명예퇴직)'라는 이름으로 회사에서 잘리면서 퇴직금이라는 목돈을 손에 쥐게 된 아저씨들은 상대적으로 창업이 쉬운 치킨 업계로 몰리게 됩니다. BBQ는 가맹점을 무서운 속도로 늘려가며 2000년대 치킨 프랜차이즈 국내 1위를 유지하며 치고 올라갔습니다. 이렇게 공급이 많아지니 자연스럽게 치킨은 우리나라 외식 메뉴, 좀 더 정확하게는 배달 메뉴 1순위에 등극하게 됩니다. 한국인들이 배달의 민족으로 불리게 된 이유에도 치킨 배달이 한몫을 차지하게 되는 거죠.

2002년 한일 월드컵은 대한민국에 다시 한번 치킨 열풍을 불러일으키며 축구나 야구 경기 관람에는 반드시 치맥을 먹어야 하는 공식을 만들게 됩니다. 2002년 한 해에만 개업한 치킨 가맹점 수가 무려 1만 3707개였다는 통계가 있지요. 집에 다 같이 모여 경기를 볼 때 치킨을 먹는 건 그때부터 아주 자연스러운 풍경이 되어버린 거죠. 치킨 업체 간 경쟁도 더욱 치열해져 그즈음을 '치킨 춘추전국시대'라고 부르기도 합니다.

코로나로 인해 자영업은 많은 어려움을 겪었지만, 치킨은 배달문화에 힘입어 오히려 매출을 늘리는 계기를 맞이하게 됩니다.

고물가 탓에 치킨값이 올라가고 배달비 압박까지 가해져도 한국인들의 치킨 사랑은 식지 않고 계속되고 있습니다.

본래의 프라이드치킨이 가진 느끼한 맛을 잡기 위한 노력은 양념치킨에 더해 '치킨무'를 낳았고, 맥주회사의 마케팅과도 자연스럽게 이어졌습니다. 그렇게 치맥은 이젠 한국만의 소울 푸드로 자리 잡게 된 것입니다.

아버지가 퇴근 후 사 오셔서 가족들끼리 둘러앉아 먹던 통닭은 이와 같은 역사를 거쳐 오늘날 한국인의 대표 파티 메뉴가 되었습니다. '치느님' '치렐루야'로 칭송받는 것만 봐도 한국에서 치킨이 갖는 위상을 충분히 짐작하실 수 있겠죠?

왜 한국인은 '먹방'에 열광할까?

상대방에게 인사할 때 밥 먹었냐고 묻는 사람들은 한국인이 유일합니다.

"내가 밥 한번 살게."
"밥은 꼭 챙겨 먹고 다녀."
"언제 밥이나 한 끼 같이 하자."

한국인에게 '밥'은 그저 끼니를 때우는 수단이나 재료로서의 의미 이상입니다. 앞에 열거한 예와 같이 밥은 상대방에 대한 관심과 사랑을 표현할 때 사용되는 주된 소재입니다. '집밥'이라는 이름만으로도 군대에 가서 짬밥을 먹는 아들들은 엄마를 떠올리며 눈물과 콧물을 흘리고, '밥상머리 교육'이라는 말로 가정 교육 전체를 대변하기까지 하며, '다 밥 먹고 살자고 하는 짓 아닌가?'라는 표현으로 삶을 영위하는 목표를 한마디로 요약하기까지 합니다.

국민의 대다수가 '보릿고개'라는 이름으로 밥을 제대로 먹지 못하는 시기가 분명히 있었고, 어려운 시기에 제대로 끼니를 구하지 못하는 상황들이 역사에 녹아들어 가며 나온 말버릇들이라 설명하는 견해도 있습니다. 하지만 단순히 그것만으로 한국인에게 있어서의 밥의 중요성을 모두 설명할 수는 없는 것도 사실입니다.

그런데, 어느 순간에서부터인가 '먹방'이라는 신조어가 나오면서 대한민국은 다시 '밥'에 대한 각별한 관심과 사랑과는 별개로 독특한 문화적 특징을 드러냅니다. 사실 엄청난 먹성을 차지하는 이들의 많이 먹기 대회라든가, 작고 여린 몸인데도 많이 먹는 것을 특기로 삼아 방송인으로 데뷔하는 일들이 미국이나 일본 등에서 없었던 것은 아니었습니다.

그럼에도 불구하고 한국의 먹방을 한국어 발음 그대로 'Mukbang'으로 표기하면서 한국을 뛰어넘어 전 세계에 인기를 끌고 있는 것에는, 유튜브 등의 새로운 매체의 탄생과 그 유행만으로 설명할 수 없는, 한국인들만의 특징으로 대변될만한 그 무언가가 분명히 있어 보이긴 합니다.

가장 설득력 있는 견해 중의 하나는, 음식을 먹을 때 대가족들이 함께 먹는 것이 자연스러웠던 한국인만의 전통문화에서 그 원인을 찾는 설명입니다. 한국은 한때 대가족이 모두 함께 밥을 먹는 것이 자연스러운 문화였습니다. 그러나 현대사회로 접어들면서 급격히 핵가족화되는 것을 뛰어넘어, 이제는 1인 가정이 전체 가정 가운데 대표적 형태가 되면서 함께 식사할 수 있는 대상이 없어져 버렸습니다. 이렇게 혼자 남은 젊은이들이 함께 밥 먹을 대상을, 미디어를 통해 가상으로 구현한다는 설명입니다.

실제로 혼자서 생활하는 이들 중에서는 혼자서 밥 먹는 것이 낯설고 불편해서 항상 먹방을 바로 앞에 켜고 밥을 먹는 경우가 적지 않다고 합니다. 마치 자신의 앞에 함께 하는 사람이 있는 것처럼 말이죠. 심지어 굳이 자신이 뭔가를 먹지 않더라도 다른 사람이 먹는 것을 보면서 그 사람과 함께 먹는 것을 상상하는 이들도 있다고 합니다. 심리적 안정감을 도모하려고 하는 행동이겠죠.

심리적 안정이라는 기제는 자신이 먹고 싶어도 먹을 수 없는 상황을 대리만족하는 대상으로 먹방을 활용하는 경우 역시 설명하는데요. 뚱뚱한 사람을 폄훼하고 날씬한 사람들을 선망하는 것이 사회적으로 고착화하면서 사람들은 이제 편하게 내가 먹고 싶은 대로 먹어 살이 쪄서는 사회에서 매장될지도 모른다는 불안감을 떨쳐낼 수 없게 됩니다. 그래서 선택하는 것이 어마어마한 양을 먹어대는 먹방을 보는 것이죠. 맛있는 음식을 보는 것만으로도 질려서 도저히 더 먹을 수 없겠다는 시각적 이미지를 뇌에 보내는 것입니다.

물론 먹는다는 행위 자체, 그리고 맛있는 음식을 맘껏 먹는다는 것은 '스트레스 해소'라는 심리적 의미를 담고 있습니다. 그래서 스트레스성 폭식이라는 것도 현대인의 병리 중 하나로 탄생하게 된 것이지요.

심리학 이야기가 나와서 말인데요. 좀 더 세밀하게 분석해보자면, 같은 한국인임에도 남녀에 따라 먹방에 대한 취향들도 조금은 다르게 부각됩니다. 음식의 양을 중심으로, 공격적으로 많이 먹는 것에 더 자극을 받는 쪽은 남성 시청자들입니다. 반면 여성 시청자들은 일명 ASMR처럼, 먹방을 보더라도 그 음식이나 재료에 따라 먹는 소리가 다르다는 점에서 나오는 청각적인 요소에 비중을 두며 즐기는 경향이 강합니다. 여성들은 음식을 먹으면서도 음식 평가를 하는 것에 더 귀를 기울이고, 같은 음식이라도 어느 맛집에 가서 먹는지 등의 세부적인 정보에 더 관심을 보이는 반면, 남성들은 음식의 독특한 형태나 맛있게 먹는 사람의 외모 등을 주목하는 모습을 보이기도 합니다.

한국인들의 먹방은 K-콘텐츠에 힘입은 덕분인지 세계로 쭉쭉 뻗어나가고 있습니다. 심지어 케이블 방송프로그램을 넘어 공중파에서도 이제는 먹방을 베이스로 한 맛집 방문 프로그램을 제작하고 있습니다. 이처럼 먹방에서 파생된 프로그램들은 다양한 형태로 변주되는 중입니다.

재미있는 것은 먹방의 메뉴들이 거의 대부분 배달 음식에 집중되어 있다는 것입니다. 어떻게 그 많은 음식을 자기가 해서 먹겠느냐고 물을 수 있겠지만, 가까운 중국만 하더라도 먹방을 하는 이들 중에서는 자신이 직접 대량의 재료를 사서 어마어마한 양을 요리하고 그것을 먹는 것에 이르기까지의 전 과정을 방송에 담는 경우가 많습니다. 그럼에도 불구하고 한국인들의 먹방에서 어머니가 해주시는 집밥이 메뉴가 되지 않는다는 사실은 앞서 설명한 바와 같이 한국인들에게 있어 '집밥'이 갖는 의미가 각별하기 때문이 아닐까 싶습니다. 정서적인 목적이 담기지 않은 채, 단순히 많이 먹어 치우는 음식으로는 배달음식이나 인스턴트 음식이 어찌 보면 당연한 소재가 된 것이죠.

게다가 단순히 밥이라던가 반찬 등등의 한식이 먹방의 소재가 되지 않는 것도 한국의 먹방에서 주목할 만한 특징이라고 할 수 있는데요. 일본의 '푸드 파이터'들이 먹는 양을 측정하는데 가장 일반적으로 쓰이는 것은 초밥이라던가 국수, 면 종류 등입니다. 하지만 한국에서 찌개류나 단순히 밥, 혹은 한식 한 상이 먹방의 메뉴로 안 쓰이는 것까지는 아니지만 보편적인 소재까지는 아닙니다. 이는 한국인들에게 카메라 속에서 음식을 먹는 사람도 가족끼리 밥을 먹는 이가 아닌, 나와 같은 1인 가정의 인물이라는 심리적 동질감을 느끼게 해줍니다.

이처럼 한국인들의 먹방을 좋아하는 이유를 어느 한 가지만으로 규정할 수만은 없겠지만, 한국인이 그만큼 밥에 있어서는 진심이라는 사실만큼은 분명하다고 얘기할 수 있겠습니다.

왜 한국인은 술잔을 돌리는 걸까?

한국인들을 이야기하면서 술은 빠뜨릴 수 없는 소재 중의 하나입니다. 워낙 술자리 문화가 발달해 있다 보니 이른바 주도酒道라고 하는 술자리 예절에서부터 시작해서, 회식 자리의 명당 찾기, 심지어 술을 마시면서 하는 다양한 건배사의 발달사에 이르기까지. 한국인에게 있어 술자리는 그 자체가 음식 문화와는 또 다른 결이 있는 아주 심도 깊은 복합문화의 공간인 셈이지요.

　　그런 술자리 문화 중에서도 외국인들이 정말 이해하기 어렵다고 고개를 설레설레 젓는 것이 하나 있죠. 바로 술잔을 돌리는 문화입니다. 자신이 마시던 술잔을 비우고 바로 상대에게 그 잔을 내밀어 잔을 돌려서 마시는 바로 그것인데요. 굳이 다른 사람이 마시던 잔을 마시라고 내미는 행동은 위생적인 충격을 외국인들에게 선사합니다. 친한 친구들끼리만 그러면 또 모르겠는데 처음 술자리를 갖게 되는 비즈니스 관계에서마저도 스스럼없이 소주를 비우고 또 그 잔을 받으라고 내미는 모습은 그야말로 문화충격일 수밖에 없습니다.

　　외국인들 입장에서 보면 술잔이 없어서 잔을 돌리는 것도 아닙니다. 게다가 가령 일회용 커피를 탄 종이컵 하나를 다 같이 마시는 것도 괜찮냐고 한국인들에게 물어보면 그건 말도 안 된다고 얘기한단 말이죠. 그런데 왜 술을 마실 때만 아무렇지도 않게 그 잔을 돌려가면서 마시라고 하는 것인지, 외국인들은 도무지 이해할 수가 없죠. 이 글을 읽는 성인 독자들도 잔을 돌리고 그 잔에 술을 받아 마신 경험이 있으실 텐데요. 단 한 번도 그 유래나 이유에 대해서는 궁금해해 본 적이 없었을 것입니다.

역사적인 유래에서 그 연원을 설명하는 견해를 먼저 소개하면, 한국의 고유한 술자리 문화 하나가 등장합니다. 바가지 모양의 큰 대접 같은 그릇인 대포大匏(커다란 술잔)에 술을 가득 부어 상하 구별 없이 술잔을 돌려가면서 일심동체임을 다지는 의식이 말이지요. 어느 한 사람 열외 없이 그 자리에 참석한 이들이라면 반드시 마셔야 하는 의식으로, 그것을 위해 사람들은 원형으로 둘러앉아, 수건돌리기처럼 술잔을 건넵니다. 일종의 파도타기 같은 모습을 띠는데요.

이렇게 잔을 돌려서 마시는 것 자체는 정말 오래된 풍습으로, 삼국시대까지 그 연원이 거슬러올라갑니다. 경주 포석정에 가면 구불구불 굴곡진 물길이 만들어져 있는데요. 그 위를 흐르는 물 위에 술잔을 띄웠다고 합니다. 술잔이 자기 앞에 와 멈추면 시를 읊는 풍류를 누렸다고 하지요. 그렇다면 자기 앞의 잔을 받아서 마시고 다시 새로운 잔에 술을 채워 보냈을까요? 자기가 마신 술잔에 술을 그대로 따라 띄워 보냈다는 것이 합리적인 추론이라고 생각합니다.

조선시대에도 철마다 술을 마시는 모임들이 있었다고 전하는데요. 기록에 의하면 관리들의 술자리 모임이 각 관청마다 비공식적이거나 공식적으로 자주 열렸던 것으로 보입니다. 예컨대, 복

사꽃이 필 땐 교서관 주관의 홍도연紅桃宴, 장미가 피는 초여름엔 예문관의 장미연薔薇宴, 여름에는 성균관에서 취하는 벽송연碧松宴 등이 있었다고 하는데요. 모임의 이름이 그리 지어진 이유는, 그 술자리에서 사용한 커다란 술잔의 이름으로, 홍도배紅桃杯, 장미배薔薇杯, 벽송배碧松杯 등으로 그 잔의 이름을 지었다고 합니다. 이러한 고사 역시 술잔을 돌리며 술을 마셨다는 역사적 근거를 뒷받침해줍니다.

특이하게도 금주령이 내려졌을 때 그들을 단속해야 할 사헌부에서도 술 모임에서 쓰는 잔의 이름을 지었는데요. '아란배鵝卵杯'라는 이 잔은 아이러니하게도 '거위알 술잔'이란 뜻입니다. 금주령을 어기는 일에 대해 경계하자는 뜻으로 만들었다고 합니다.

이런 모임에 모인 이들이 술잔을 기울이면서 했던 것은 당연히 파도타기 식의 술 마시기였다고 하는데요. 모임에 참석한 사람마다 각자의 잔을 가지고 있지만, 술을 권하거나 벌주를 마실 때는 앞서 이름을 붙인 술잔을 돌려서 마시는 문화였다고 전합니다.

이런 술잔 돌리기는 관료들에게만 있었던 음주 문화가 아니었나 봅니다. 한국인들이 흔히 사용하는 말이지만 오용의 사례로 꼽을 수 있는 말에 '수작'이라는 말이 있습니다. '수작 부리다', '개수작하다'라고 할 때의 그 '수작'입니다. 이 수작이란 말이 앞서 말한 음주 문화에서 유래한 것입니다. 수작의 본래 의미는 다음과 같습니다. 술상에서 주인이 손님에게 권하는 것을 '수酬'라 하고, 손님이 주인에게 권하는 것을 '작酌'이라 합니다. 그런데 이 뜻이 조금 변하면서, 손님에게서 받은 잔을 되돌려 권하는 것을 '수酬'라 하고, 술을 붓거나 스스로 따라서 마시는 것을 '작酌'이라 하게 된 겁니다.

　따라서 '수작酬酌'의 의미는 세 가지 뜻으로 나뉩니다. 가장 기본적이라 할 첫 번째로는, '술잔을 서로 주고받다'라는 의미입니다. 두 번째 의미는 '서로 말을 주고받다'라고 할 수 있습니다. 서로 간에 술잔이 오가니 흉금을 터놓는 이야기들이 따라다닐 수밖에 없겠지요. '수작을 건네다'라는 말은 원래 이 뜻에 가까웠다고 합니다. 서로 술잔을 주고받으며 정다운 얘기가 오가는 광경을 묘사하고 있지요. 세 번째가, '남의 말이나 행동, 계획을 낮잡아 이르는 말'이라는 의미입니다. 오늘날 우리가 흔히 쓰는 '수작'의 의미가 이것에 해당하지요. 어떤 자리를 막론하고 사람이 모이면 화합과 반목이 공존하기 마련입니다. 술자리에서 순수한 우정이 오가른 모습이지만, 실제로는 음모와 협잡이 밑바닥에 깔리는 상황이 많았음을 암시하지요.

　민간의 혼례에서도 '합근례合卺禮'라 하여 표주박 술잔에 술을 따라 신랑과 신부가 입을 맞대고 마시는 절차가 있습니다. 그리고 무엇보다 제사에서 그런 모습을 목격할 수 있는데요. 바로 조상님과 함께한다는 의미로 참석자가 돌아가며 같은 잔의 술을 나눠 마시는 음복飮福 풍습입니다.

이와 같이 술잔 돌리기는 통일신라시대 때부터 시작되었습니다. 공생공사의 의지를 다지기 위해, 목숨을 거는 맹약의 증표로서, 관공서에서 일심동체를 위해, 혼례에서 화합을 위해, 제사에서 조상님과 함께하기 위해 행해졌습니다. 이 중에서 제사에서 술잔을 돌리는 관습은 지금까지도 사람들이 정확히 그대로 따르는 것이기도 하지요.

이러한 한국인의 술잔 돌리기는 현대에 와서도 술자리 풍습으로 유지되고 있습니다. 술잔 돌리기가 비위생적인 것을 알면서도, 상당수가 끈끈한 인간관계를 위해 감수하는 중이지요. 술잔 돌리기만 봐도, 인간관계가 한국인의 의식 속에 중요한 덕목으로 오랫동안 폭넓게 자리 잡고 있음을 알 수 있습니다.

앞서 살펴보았던 '나'가 아닌 '우리'가 익숙한 것은 '내 잔'이 아니라 '우리 잔'인 것과 맥을 같이합니다. 그것은 밥을 같이 먹는 '식구'를 넘어 잔을 함께 나눈 사람이야말로 '우리'의 울타리 안에 들어올 수 있다는 심리적 통과의례를 보여줍니다. 이런 의례적 요소는 하나의 커다란 찌개 냄비 안에 여러 사람이 숟가락을 넣어서 먹었던 음식문화와도 연관지어 생각할 수 있지요. 지금은 거의 사라진 모습이긴 하지만요.

왜 한국인은 폭탄주를 좋아할까?

한국을 처음 찾아 한국 문화를 접하게 된 외국 학생들은, 폭탄주 문화를 보고 당황하곤 합니다. 그것은 술에 대한 예의가 전혀 아니라고 생각한다고 합니다. 한국에서는 전 세계 어느 곳과도 비교할 수 없을 정도로 폭탄주 문화가 만연하고 있습니다. 한국만의 유일한 문화라고 꼭 단정할 것은 아니지만 말입니다.

한국인의 폭탄주 문화를 제대로 살펴보자면, 그 기원부터 거슬러 올라가 봐야겠지요. 이것은 법조계에서부터 시작되었다고 하는 것이 정설입니다. 법조인들은 산더미 같은 기록과 서류를 뒤져야 하니 시간이 부족하기 마련입니다. 일단 빨리 마시고 취하자는 것이 폭탄주의 첫 번째 개발 목적인 셈입니다. 그리고 법조인들은 때로 다른 사람에게 다소 가혹하다 싶은 구형을 하고, 또한 매정하게 판결을 내려야 합니다. 그러니 자신이 개입한 안 좋은 일과 관련한 기억을 지워버리고. 새롭게 포맷된 정신으로 일하고 싶다는 염원이 작용했을 법합니다. 술이 주는 가장 큰 혜택인 '망각의 힘'을 얻기 위해 개발되었던 것이 폭탄주인 셈이지요.

일설에 의하면, 개인의 주량이나 선호도를 배려하지 않고 무조건 일사불란하게 마셔야 하는 군대 문화에서 출발했다고도 하는데요. 즉 군사정권 시절을 폭탄주의 시초로 보는 의견입니다. 하지만 이것은 술 문화의 강제성에 대한 설명이지 폭탄주의 기원에 대한 설명으로는 조금 어울리지 않는다고 하겠습니다.

어쨌거나 이러한 다양한 기원과 설을 살피다 보면, 한 가지 특이한 사실이 발견됩니다. 한국인은 술을 많이 마시는 민족이지만, 술의 향이나 맛을 즐기는 데에는 그다지 관심이 없다는 것이지요.

미국에도 맥주 안에 독한 술을 집어넣고 먹는 폭탄주 문화가 아주 오래전부터 있었다고 합니다. 대표적인 것이 '보일러 메이커Boiler Maker'라고 해서 1920년대 미국 노동자들이 맥주와 값싼 독주를 섞어 마시며 유행시킨 술입니다. 노동의 피로를 해소하고 숙면을 취하기 위해 시작되었다는 설과 시베리아 벌목 노동자들이 추위를 이기기 위해 맥주와 보드카를 섞어 마신 것이 시작이라는 설이 있습니다. 한국에서는 보일러 메이커를 따로 '원자폭탄주'라고 부르곤 했는데요. 이제는 한국식 폭탄주가 오히려 한국을 찾은 외국인들 사이에서 이름 높지요. 그래서 영어로도 그것을 'Boiler Maker'라고 부르는 대신, '폭탄주'를 직역한 'Bomb Shot'으로 통하는 경우가 더 많습니다.

동양에서는 폭탄주가 오히려 드뭅니다. 술의 향이 강하고 그것을 음미하는 것이 주도酒道라고 생각하는 중국인들에게 폭탄주 문화란 없습니다. 일본의 청주淸酒 역시 다른 술과 섞으면 맛이 사라져 버리기 때문에 술맛에 집착하는 일본인에게도 폭탄주는 거리가 먼 얘기입니다. 굳이 폭탄주의 기원을 한국 역사에서 찾자면 18세기에 막걸리에 소주를 타서 마셨다는 '혼돈주混沌酒' 쯤이 될

140
141

것입니다.

　　문제는 왜 한국인들에게 갑자기 폭탄주 문화가 이렇게 깊숙이 자리 잡게 되었는가 하는 것인데요. 한국인의 보편적 심리구조에서 그 배경을 찾기도 합니다. 기본적으로 한국인들은 평등에 대한 욕구가 다른 국가의 사람들보다 높은 편에 속하며, 치열한 경쟁의식을 갖고 있다고 정신분석학자들은 설명하곤 하죠. 그래서 같이 술을 마시는 자리에서 자신과는 달리 타인이 맑은 정신상태를 유지하는 것을 참지 못하는 것이죠. 같이 술을 마신 상태에서 먼저 헤롱거리게 되면 자존심이 상하게 되고 같이 헤롱거리는 것은 문제가 되지 않기 때문에 서로를 빨리 취하게 만들려는 의도가 깔려있을 수도 있습니다. 이런 심리가 일정한 선을 넘으면서 폭음으로 달리게 만드는 주범이 되고 마는 것입니다.

　　앞서 한국인들이 술맛을 포기했다고 표현했는데, 그 의견에 반하여, 오히려 소주만 마시는 것이 부담스럽고 맛을 훨씬 부드럽게 하기 위해 '소맥'이 나왔다는 일설도 있습니다. 적절한 비율의 소맥이 그냥 소주를 마시는 것보다 훨씬 맛있다는 것이지요. 술술 잘 넘어가게 하기 위한 거라는 또 다른 해명설도 있긴 하지만요.

　　사실 폭탄주로 제조된 후의 정확한 알코올 함량도, 대중에게 잘못 알려진 엉터리 상식의 대표적 사례 중 하나라고 할 수 있는데요. 예전 한국의 모 방송에서 '폭탄주의 알코올 도수는 20%'라는 식의 설명이 나오고 그 내용을 받아쓴 기사들이 이어지면서, 많은 사람이 정말로 '그런가 보다' 하고 '잘못' 알게 된 경우입니다. 어떤 술 전문가도 "40%짜리 위스키와 4~5%의 맥주를 섞어 먹으면 19%쯤의 알코올 함량이 되니 거의 소주(옛날에는 소주 하면 25%였지만, 요사이는 17%까지 낮아졌지요)를 맥주 글라스에 따라 마시는 셈"이라는 제법 구체적인 설명글까지 쓴 것이 있는 것을 보았습니다. 하지만, 이 분석은 과학적으로 볼 때 명백하게 틀린 정보 중 하나로 판명되었습니다.

결론부터 말하자면, 40%짜리 위스키와 4.5%짜리 맥주를 섞는 건 맞지만, 들어가는 맥주의 양이 훨씬 많기 때문에 대체로 알코올 함량 11~13% 정도의 칵테일이 되는 것입니다. 그러니까 소주처럼 독한 술을 맥주 컵에 마시는 것은 아니고, 백세주 정도의 술을 한 컵 마시는 셈이라고 보면 적당하겠네요. 특히 요사이 유행하는 것처럼 아주 적은 양의 양주에, 맥주로 잔의 반 정도만 채우는 폭탄주의 경우, 알코올 함량 10% 미만의 술을 반 컵 정도 마시는 셈입니다. 맥주의 탄산 성분이 취기를 더 빨리 오게 할 수 있다는 전문가들의 견해도 있긴 하지만, 폭탄주를 마신다고 해서 바로 '꽐라'가 되는 건 아니라는 이야기입니다. 문제는 폭탄주를 마시는 자리에서는 대개 강권에 의해 술잔을 급하게 비워야 한다는 것이죠. 즐거운 분위기 속에서 자율적으로 음주량만 조절한다면 폭탄주도 그리 나쁜 음주법은 아니라고 할 수 있을 것입니다.

한국 반도체 신화의 주역으로 불렸던 삼성전자의 황모 전 사장은 언론인터뷰에서 너무도 당당히 "한국이 단기간에 반도체 전쟁에서 일본에 이길 수 있었던 원인으로, 팀워크를 살리는 폭탄주를 뺄 수 없다"라는 다소 황당한 멘트를 내놓은 사실이 있습니다. 그의 평상시 술에 대한 생각이 드러났다고 볼 수 있는지는 모르겠으나, 비즈니스 세계에서 이루어지는 한국 영업문화의 저돌성과 강력함을 제대로 표현한 말이라고 할 수 있습니다. 술을 마시면서 가까워진다고 생각하는 한국의 특수한 술자리 문화에서 폭탄주가 차지하는 역할과 비중은 결코 작지 않다는 이야기입니다.

폭탄주는 전투적인 음주로 건강을 해치는 주범이기도 하지만, 맛있게 만들어 술술 잘 넘어가게 하려는 의도도 있고, 작은 소주잔을 매번 채워야 하는 한국 주도酒道의 번거로움을 줄인다는 이점도 없는 것은 아닙니다. 어차피 마시는 술이라면, 잘 운용해 보는 것이 좋지 않을까요. 폭탄주를 잘 구사하기만 하면, 외국인들도 한국인들의 틈으로 파고 들어가 한국인처럼 행세하는 것도 어려운 일은 아닙니다.

왜
한국인은
술마신
다음
날
해장국을
먹을
까 ?

한국 드라마나 영화에는 전날 술을 마신 남편을 위해 콩나물국을 끓여주면서 '해장국'이라며 아침상을 내어주는 아내의 모습이 나오곤 합니다. 야근이나 잠복근무를 한 형사들, 방송 일을 하는 사람들, 전날의 숙취를 해소하려는 주당들이 아침에 해장국집에 모여 국에 밥을 말아 먹는 장면은 이제 외국인들에게도 낯선 장면이 아닐 정도입니다.

아내가 집에서 직접 만들어주는 해장국은 대개 북엇국이나 콩나물국이지만, 바깥에서 등장하는 해장국은 국밥류에서 내장탕에 이르기까지 그 종류도 다양합니다. 한국에서는 해장국집이라고 간판에 올려둔 식당들이 아주 흔히 발견됩니다.

어느 나라에나 나름의 독특한 음주 문화는 있습니다. 하지만 한국만큼 술과 관련한, 다양한 문화가 드라마틱하게 존재하는 나라는 드물지요. 그래서 외국인의 입장으로 보면 한국인들의 음주 문화는 그저 신기하기만 할 따름입니다. 그중에서 이번에 살펴볼 것은 한국 사람들은 술을 마신 다음 날 왜 꼭 해장국을 찾는가 하는 것입니다.

해장국이야말로, 한국인들의 '영혼을 위한 수프'라 할 수 있습니다. 숙취를 해소해 주고 두뇌를 움직이게 하는 신기한 기능을 하죠. 2015년 CNN에서 선정한 한국인의 소울 푸드 베스트 7에 김치를 제치고 당당하게 1위를 차지한 음식이 바로 '해장국'이라는 점만 보더라도 한국의 음식문화와 음주문화에서 해장국이 차지하는 비중은 결코 소홀히 할 수 없습니다.

해장국은 원래 재료나 조리방식, 맛 모두가 신토불이身土不二인 훌륭한 한국의 음식입니다. 해장국의 '해장'은 술로 쓰린 창자를 푼다는 의미의 '해정解酲'이 와전된 것이라는 해석도 있습니다. 쇠뼈를 끓인 된장국도 콩나물국이나 북엇국처럼 술꾼이 숙취를 해소하기 위해 아침에 먹는 음식이라면 종류에 관계 없이 모두 '해정국'이라는 이야기지요. 하지만 지금과 같은 형태의 해장국은, 해정국이 아니라는 설이 오히려 설득력을 인정받고 있습니다. 그 고향은 인천으로, 그곳의 특수한 사정으로 빚어낸 빈속을 푸는 국이 원조라는 설이지요.

외국인들이 한국에 오기 위해 공항을 벗어나 가장 처음 밟는 곳. 네. 맞습니다. 인천이지요. 인천은 항구 건설과 화물 수송으로 한국에서는 처음으로 근대적 노동시장을 열었던 도시였습니다. 자유 노동 계약을 통해 품삯을 받을 수 있다는 매력이 많은 일꾼을 인천으로 끌어들였습니다. 19세기 말 인천에 거주했던 한국인들의 태반은 그와 관련된 노동자들이었습니다. 당시 인천은 한국인 노동자뿐만 아니라, 4000명이 넘는 일본인과 100명에 가까운 서양인이 거류했고 출입 함선도 많았습니다.

한국인들과는 달리 쇠고기를 선호했던 서양인들이 많은 쇠고기를 소비했기 때문에 인천은 다른 지방보다 훨씬 많은 양의 소를 도축하게 되었습니다. 그들은 주로 등심과 안심을 가져가고 잡육, 내장, 뼈 등은 먹지 않았으므로 남겨진 부위들은 이른 아침에 일터로 나가는 허기진 노무자들의 속을 풀어주는 국밥의 재료로 변모하게 되었지요. 그래서 지금의 뼈해장국이니 선지해장국이니 하는 형태가 자연스럽게 만들어진 것이랍니다. 가족이 없이 일을 위해 혼자의 몸으로 모여든 많은 노동자와 넉넉한 쇠고기 군더더기 재료 사이에 생긴 알맞은 수요공급이 마침내 해장국을 탄생시킨 것이었습니다. 이렇게 아침에 속을 든든하게 해주던 음식이 자연스럽게 전날 술을 마신 이들의 속을 푸는 데 일조하면서 전국 각지로 퍼져 나갔다고 보는 일설입니다. 사실 어느 것이 정설이라고 말하기에는 다양한 음식문화와 한국의 문화가 섞여있어, 한국의 국 문화와 아침 식사문화와도 무관하지 않습니다. 그럼 다양한 해장국의 종류와 그 효능에 대해 살펴볼까요?

지금의 해장국은 한 종류라고 하기에는 너무도 다양한 종류들이 있습니다. 먼저 선짓국을 빼놓을 수 없지요. 정확하게 말하면 '선지'는, '죽은 소에서 받아낸 응혈 상태의 피'입니다. 생긴 모습은 중국에서 많이 먹는 '鴨血(오리선지)'와 비슷하지요. 실제로 피를 직접 섭취하는 형태인 셈인데요, 철분과 단백질이 풍부하다는 장점이 있습니다. 거기에 함께 넣는 우거지나 콩나물, 무 등이 영양의 밸런스를 이루면서 피로했던 몸에 활력을 주고 주독酒毒을 풀어 주는 역할을 톡톡히 하게 됩니다.

콩나물국은, 이미 한국인에게는 '일반상식'처럼 되어있는 그 어려운 이름 '아스파라긴산'이라는 물질이 듬뿍 들어있는 콩나물이 주재료이지요. 콩나물 속에 다량 함유된 아스파라긴산은 간에서 알코올을 분해하는 효소의 생성을 도와준다고 알려져 있는데요. 숙취에 탁월한 효과가 있는 것으로 알려져 있으며 특히 콩나물의 꼬리에 해당하는 부분에 그 영양소가 집중되어 있다고 합니다. 한국에서 유명한 매생이 해장국의 매생이는 이 아스파라긴산이 콩나물보다 3배나 많다고 해서 과학적으로 다시 한번 주목받은 재료이기도 하지요.

가정에서의 독보적인 인기를 뛰어넘어 인스턴트 해장국으로도 출시되어 편의점에서도 쉽게 득템이 가능한, 북엇국도 빠질 수 없는 해장국의 주主메뉴 중 하나지요. 북어는 다른 생선에 비해 지방 함유량이 적고, 음주로 혹사한 간을 보호해주는 아미노산이 많이 함유되어 있으면서도, 맛 또한 개운하여 숙취 해소에는 아주 적격인 재료입니다. 덕분에 북엇국은 애호가층이 아주 두텁게 형성된 해장국 중 하나입니다.

조개를 넣고 끓이는 조갯국 역시 술을 즐기는 이들에게 시원한 해산물 계열 해장국으로 인기가 좋습니다. 조개 국물의 시원한 맛이 가진 비밀은, 단백질이 아닌 질소화합물 타우린, 베타인, 아미노산, 핵산류와 호박산 등이 어우러진 것에서 나온다는 과학적인 연구 결과도 있습니다. 이 중에서도 타우린과 베타인은 강장효과가 있어 술 마신 뒤의 간장을 어루만지듯 보호해준다는 연구 결과도 있어, 해장국으로서의 탁월한 기능이 과학적으로 입증되었다고 할 수 있습니다. 경남 하동이나 광양 같은 섬진강 하구 지역에서 시작하여 전국적 지명도를 얻은 재첩국 또한 같은 맥락에서 이해할 수 있습니다.

　　　숙취 해소와 강장 효과가 과학적으로 입증되기 이전부터 대중들 사이에 자리 잡아 하나의 문화를 형성해 왔습니다. 우리 선조들이 오래전부터 숙취 해소를 목적으로 다양한 테스트를 통해 해장국의 재료들을 선별했을 것이라는 생각에 자연히 감탄하게 됩니다.

　　　술은 거의 모든 나라에서 즐겨 마시는 기호품이며, 각 나라마다 자연스럽게 형성된 나름의 음주문화를 가지고 있습니다. 한국만 유독 알코올 소비량이 엄청나게 많다는 것이 아니라는 뜻이지요. 이것은 바꿔 말하자면, 숙취 후 해장을 하는 문화가 한국만의 특징이 아니라는 것을 의미하기도 합니다.

　　　그리스에서는 해장음식으로 버터를 먹는답니다. 맥주의 본고장 독일에서는 소금과 식초에 절인 오이를 청어로 싼 '롤몹스'라는 숙취 해소 음식을 먹지요. 청어 자체에 풍부한 메치오닌이 포함되어 있어 간장 해독에 매우 좋다고 합니다. 미국에서는 맥주와 토마토주스를 5:5 비율로 섞어서 날달걀 한 알을 넣어 만든 '레드아이'라는 해장술을 마신다고 합니다. 독특한 것은 북엇국에도 그렇고 각국 해장음식에 달걀이 들어가는 이유인데요. 본래 달걀에는 단백질과 시스테인, 타우린, 아미노산이 풍부하게 들어있어 간 기능을 활발하게 해주기 때문에 술 마신 뒤 날달걀은 전 세계 공통의 해장 아이템이라고 합니다.

그럼에도 한국의 해장국 문화가 독특한 점은 그 종류가 매우 다채롭다는 것과 반찬은 없어도 식단에 반드시 국이나 탕이 들어가야 한다는 한국의 아침 식사문화와 결합했다는 것입니다. 그러고 보면 해장국이야말로 진정한 한국인의 소울 푸드이며 '영혼의 수프'라는 말이 아주 적절하게 다가옵니다.

왜
한국
인은
아침
밥을
잘
차려
먹을까
?

헤더 안트 앤더슨이라는 음식연구가가 쓴 『아침식사의 문화사』라는 책에서는 아침식사가 문화사의 한 분야로서 충분한 의미를 갖는다고 소개합니다. 하루 중 가장 중요한 한 끼인 아침식사를 놓고 역사·문화·사회적으로 여러 가지를 탐구하는데요. 오늘날 가장 많은 사람들이 즐겨 먹는 아침식사인 콘플레이크의 발명에 관한 이야기만 보더라도, '켈로그'라는 회사가 얼마나 눈물겨운 노력을 거듭하며 드라이 시리얼을 전 세계인의 아침식사 메뉴로 보급했고, 결국 시리얼의 대명사로 불리게 되었는지가 드러납니다.

외국인의 입장에서 한국의 문화를 다양하게 접할 수 있는 통로라면, 아무래도 드라마나 영화가 일반적일 것입니다. 실제로 저는 외국인들에게 이런 질문을 정말 많이 받았습니다. '한국인들은 정말 매일 아침 그렇게 화려한 반찬에 국까지 곁들여 차려 먹고 다니는가?' 하는 것이죠. 한국인들에게는 당연한 것이고, 드라마나 영화에서 출근 전 혹은 학교에 가기 전 아침 식탁에서 가족들이 식사하는 모습도 그래서 너무도 자연스럽죠.

하지만, 아침마다 요리를 하는 대신 간단한 외식으로 식사를 하는 중국 문화도 그렇고, 시리얼에 간단하게 우유를 부어서 훌훌 마시듯이 먹는 정도의 미국 문화도 그렇고, 한국식으로 정찬을 차려서 아침부터 식사하는 모습은 역시 왕가나 귀족이 아닌 다음에는 조금 신기하게 보일 수도 있겠다는 생각이 들더군요.

물론 최근 들어 젊은 학생들이나 맞벌이 부부들이 아침식사를 하지 않거나 간단하게 서양식으로 먹는 것에 익숙해져 가고 있긴 합니다. 이처럼 예전에 비해 지금은 많이 바뀌었다고들 하지만, 그럼에도 한국인들처럼 아침 식사를 정식으로 차려 먹었던 나라는 드문 것이 사실입니다.

이유를 단순하게 한 가지로 설명할 수는 없을 텐데요. 몇 가지로 나누어 분석해 보도록 할까요?

첫 번째 이유는, 한국의 유교적 전통문화와 관련이 있습니다. 전통 사회에서 아내가 남편과 가족을 위해서 반드시 해야만 하는 책무 중 중요한 하나가 바로 식사 준비였습니다. 유교 문화에서 아내는 남편을 보필하고 자식들을 교육하는 것이 미덕이었습니다. 여자가 직업을 갖는 것은 꿈도 꿀 수 없는 일이었지요. 남존여비의 사상 때문에도 그랬지만, 사회와 국가의 근간이 되는 가정을 제대로 보필하는 것 여성의 임무로 여겨졌기 때문이었지요. 그런 위대한 어머니들이 바깥일도 하지 않고 차렸던 밥상이니, 얼마나 대단하겠습니까? 정식 명칭은 '9첩 반상'이라고 하는데요. 수많은 반찬을 만들어내는 번거로운 공도 공이지만, 매번 식지 않은 국과 찌개를 만들기 위해서는 부단한 노력이 뒤따랐습니다.

두 번째 이유는, 끼니를 거르지 않는 것이 일종의 부의 상징과도 같았기 때문입니다. 한국의 역사를 살펴보면, 서민들은 매번 삼시 세끼를 챙겨 먹기 시작한 것이 그리 오래되지 않았습니다. '보릿고개'라는 말이 있었을 정도로 하루에 끼니를 제대로 때울 곡식조차 없는 서민들이 다수였던 것이 그리 멀지 않은 한국의 과거입니다. 귀족이나 왕족 등의 좀 사는 사람들이 3끼나 5끼를 먹을 동안, 한 끼도 어려운 서민이 굳이 아침밥을 챙겨 먹기란 언감생심 꿈도 꾸지 못할 일이었습니다. 다시 말해, 아침밥을 먹는 것은 사회적으로 그 집안이 얼마나 경제적, 사회적 지위를 갖추고 있는가를 보여주는 기준이 될 수 있었던 것이죠. 물론 지금이야 아침밥을 먹느냐 못 먹느냐로 사회적, 경제적 지위를 가늠하지는 않지만, 그 잔재는 드라마나 영화에 여전히 남아있습니다. 큰 회사의 재벌이나 사회적으로 위치가 높은 이들은 아침식사를 거대한 주방의 전용 식탁에서 하는 반면, 서민을 대변하는 이들의 아침식사가 등장하는 경우는 의외로 적습니다. 여기에는 은연중에 위에 설명했던 문화적 배경이 반영된 것이라고 할 수 있죠. 실제로 아침에 여유 있게 아침밥을 먹을 수 있는 사람들은 출근 시간이 여유롭거나 직접 아침상을 차리지 않아도 되는 경우니까요.

　　세 번째 이유는, 어느 사이엔가 한국인의 식문화를 대표하는 것처럼 각인된 이 말, '한국인은 밥심'이라는 표어로 설명됩니다. 식품영양학적으로도 그렇고 의학적으로도 밝혀진 사실이지만, 저녁을 과하게 먹는 것은 건강한 삶에 그다지 도움이 되지 못합니다. 서양에서 저녁을 가장 화려하고 든든하게 먹는 것은 하루의 에너지를 소비하고 그것을 식품으로 보충하려는 의도인데요. 실제로는 저녁을 과하게 먹으면 저녁식사 이후 몇 시간 지나지 않아 들게 되는 수면에 방해가 되는 것입니다. 오히려 하루의 에너지를 축적하고 소비하는 데에는 아침을 든든하게 먹는 것이 좋다는 연구 결과는 다수 발표된 바 있습니다. 아침밥은 뇌를 활성화시켜 주며 집중력과 학습력을 향상해 주는 효과가 있다는데요. 또한, 아침식사를 제대로 하는 것만으로도 점심과 저녁의 폭식을 예방해주는 효과가 있습니다. 한국의 조상님들은 이미 그것을 농경사회를 거치며 체득한 덕분인지, 아침을 먹지 않으면 하루를 힘차게 시작하지 못하고 하루 종일 제대로 힘을 내지 못한다고 여겨, 아침을 든든하게 먹어야 한다고 늘 강조하게 되었답니다. 아침밥을 먹고 나서 바로 하루 신체활동에 돌입하게 되면, 아침밥에서 섭취된 영양분이 저녁에 수면 전까지 충분하게 활용되는 구조인 셈이죠.

아침밥이 주는 생활의 활력을 수많은 시간과 경험을 통해 이미 인지했던 현명한 조상님들의 영향으로 한국의 아침상은, 국제적인 화려함을 자랑하게 되었습니다. 최근에 그렇게 아침식사를 하는 이들이 많지는 않지만, 그럼에도 불구하고 아침밥의 위력을 밥상문화를 통해 배운 이들은 아침밥을 절대 거르지 않는답니다.

오늘, 아침 든든히 먹고 나오셨나요?

왜
한국
인은
성형
수술을
좋아
할까
?

지금으로부터 이미 20여 년 전인 2000년대 초반, 오프라 윈프리는 자신의 쇼에서 한국을 '성형 천국'이라고 명명한 바 있습니다. 실제로 한국은 명실상부한 성형 대국으로, 최근 공식 통계자료를 통해서도 전 세계에서 인구 대비 가장 많은 사람이 성형수술을 하는 나라로 인정받고 있습니다. 한국인보다 외국인들에게 더 유명한 강남의 유명 성형외과들은 이제는 국내 환자들보다 글로벌 성형 투어로 한국을 찾는 환자들에게 더 많은 수입을 올리고 있다고 합니다.

K-POP과 K-드라마로 대표되는 영상물에 등장하는 연예인 중에서 성형을 하지 않은 천연기념물(이런 때 쓰는 표현이 아니긴 합니다만)을 찾는 것은 이제 거의 불가능한 일이 되어버리고 말았습니다. BTS와 닮은 얼굴로 만들어달라고 수술을 수십 번이나 해서 한국인의 외모로 탈바꿈해 버린 서양 젊은이의 소식이 얼마 전 화제가 되었는데요. 그렇게 한국의 특정 연예인을 동경해서 그들의 얼굴과 똑같이 해달라고 병원을 찾는 외국인들이 적지 않다고 합니다. 그러한 성과는 다시 병원의 마케팅과 맞물리고, 임상경험의 증가로 성형기술이 또 발전하게 되면서 고객을 더 많이 유치하는 순환구조를 자연스럽게 형성하게 되죠.

단순히 성형외과 의사들이 돈을 많이 벌고 마케팅에 적극적으로 나선다고 해서 한국이 성형천국이 되었다고 생각하는 사람은 없을 겁니다. 라면 장사가 라면을 많이 팔려고 마케팅에 열을 올린다고 바로 한국이 라면천국이 되지는 않을 테니까 말이죠.

현실은 이러한데요. 그렇다면 도대체 한국인들은 왜 그렇게 성형에 열광할까요?

여기에 그 근거를 짐작해 볼 수 있는 한 통계자료가 있습니다. 「대한민국 미혼남녀의 연애와 행복 인식 보고서」라는 이름으로 전국의 25세~39세 미혼 남녀 1000명을 대상으로 설문조사를 한 결과, 자신의 외모에 만족한다고 답한 한국 여성의 비율은 불과 37%밖에 되지 않는다는 사실이 밝혀진 것입니다. 뭐가 이상하냐구요? 독일, 체코, 노르웨이 등 유럽 국가 여성들을 대상으로 한 통계자료를 살펴보면, 유럽 여성들의 70% 이상은 자신의 외모에 만족한다고 답했기 때문이죠.

그렇다면 한국 여성들이 확연히 못생긴 여자들이 많기 때문일까요? 물론 아니죠. 이것은 심리학적인 이유와 사회학적인 이유가 복합적으로 작용한 결과라고 할 수 있는데요. 일단 심리적인 문제를 살펴보자면, 성형수술에 집착을 보이는 이들의 심리를 '신체이형장애 BDD·Body Dysmorphic Disorder'의 일종으로 보는 견해입니다. 이 장애를 가진 이들은 자신의 외모에 결손이나 변형이 있다고 상상하며, 성형수술을 통해 자신이 원하는 스타일로 바꾸고자 하는 욕구가 강해진다고 합니다. 한국인뿐만 아니라 전 세계적으로 성형에 집착을 보이는 이들은 이러한 심리적인 기저의식을 가지고 있다고 합니다.

실제로 연구 결과에 의하면, 성형수술을 3회 이상 했거나 한 부위 당 2회 이상 재수술한 환자에게서 이러한 현상은 아주 많이 나타난 다고 합니다.

한편 사회학적인 부분으로 보자면, 미디어의 발달과 외모를 중시하는 사회적 분위기가 성형에 영향을 준다고 하겠습니다. 특히 나 최근엔 SNS의 발달로 인해, '인플루언서'라는 이름의 반半연예 인급 일반인들이 인기를 얻는 경향도 이와 무관하지 않습니다. 심 지어 나이가 들어가는 중년이나 노년 여성들조차 '안티에이징anti-aging', 즉 나이 들어도 나이 들어 보이지 않기 위한 시술과 수술에 집 착하게 됩니다. 보이는 것, 체면에 민감한 한국인들은 자기 혼자서 만 노파처럼 보인다는 심리적 위축을 받게 되는 것을 견뎌내기 어 렵습니다. 그러면 할머니들도 자연스럽게 피부과나 성형외과에 발 을 들여놓을 수밖에 없는 거죠.

사회학적으로 성형수술을 분석하는 연구들에서는 성형외과 를 찾는 이유가 시대에 따라 달랐음을 주목하기도 합니다. 예컨대, 1997년 외환위기 직후 성형외과를 방문하는 이들은 그 주요 동기 로 외모도 경쟁력의 하나라는 세간의 인식을 꼽았습니다. 한국이 초경쟁사회로 거듭나게 되는 와중에, 호감형 외모가 취업에 도움 이 된다는 인식이 자리 잡으면서 성형수술이 일반화되는 계기를 맞았던 것입니다.

2010년 이후에는 연예인을 동경하는 아동, 청소년들이 늘어나면서 성형 연령이 확 내려오는 시기를 맞았습니다. 청소년기의 심리적 특성은 자기 정체화의 과정에서 외모에 대한 관심이 높아진다는 것입니다. 청소년일수록 자신의 얼굴에서 어느 한 부분이 부족하다고 느끼게 되면 그것에 과도하게 집착하기 쉽습니다. 게다가 경제의 발전으로 아이들의 욕망에 따른 소비 지출이 가능해졌다는 점도 성형 열풍의 가속과 확장에 한몫했다는 분석입니다.

　　그러나 인구 1000명당 8.9명이라는 수치로 성형 1위를 차지한 한국이 성형 대국을 넘어 '성형 천국'이라는 비아냥을 듣는 것은, 아이러니하게도 성형을 집중적으로 하는 연예인층이 미디어에 훨씬 많이 노출되기 때문이라는 점도 간과해서는 안 됩니다. 한국인들이라면, 특히 여성이라면 당연히 어려서부터 모두가 성형을 한다거나, 최근에는 남자들도 그 대열에 합류했다는 식으로 외국인들에게 알려진 것은 과장이라는 얘기지요.

왜
한국
인의

교육열은
그렇게

뜨거
울까
?

2장 | 열광하고 집착하는 것들

한국 사람들이, 특히 그들이 어린아이 때부터 학습 능력이 뛰어나다는 사실은 이제 새삼스러울 것도 없는, 전 세계인에게 알려진 사실입니다. 수학이나 과학올림피아드에서 상위권의 성적을 차지하는 것도 그러하고, 전 세계의 같은 학년들을 대상으로 한 학업 성취도를 비교해 보더라도 한국인들의 수준이 상위권을 차지한다는 것은 널리 알려진 사실입니다.

그런데 왜 한국은 전 세계를 제패하는 최강대국의 대열에 들지 못한 걸까요? 한국인들의 유난한 교육열에 대해서는 이미 외국인들은 물론이고, 수학을 잘하고 공부를 잘한다고 인정받는 같은 동양인들 사이에서도, 아니 심지어 같은 한국인들끼리도 굳이 새삼스럽게 설명하지 않아도 모두 잘 알고 있습니다. 문제는 그 교육 수준의 현실적용이 성인에게까지 이어지지 않고 완성되지 않는다는 아쉬운 면이지요. 한국의 교육열이 대학생을 거쳐 성인이 되기까지 이어지지 않는 이유는, 대학교에 입학하기 전까지의 그 교육열이 원인이라고도 할 수 있습니다.

한국인들의 빨리빨리 문화를 설명하는 꼭지에서, 한국인들만이 가지고 있는 독특한 특성과 성실 근면하지 않으면 비난받는 사회 분위기에 대해서는 이미 충분히 말씀드렸을 거라 생각합니다. 거기에 더해 늘 남과 비교하면서 비교우위를 차지해야 하고 늘 순위를 매겨서 상위 순위에 속해 있지 않으면 낙오될 것이라는 심리적 압박을 스스로 만드는 점에 대해서도 잘 알고 계시리라 생각합니다.

한국의 어린 학생들의 학습은 결코, 그리고 전혀 자기 주도적이지 않습니다. '교육열'이라는 그럴듯한 말로 포장하지만, 결국 그것은 부모의 욕망이 적나라하게 반영된 것에 불과한데요. 초등학생들이 중학생이나 고등학교 교과과정에 있는 공부를 하는 것, 즉 선행학습을 해야 하는 것이 당연한 분위기를 만든 것이 이들인데요. 문제는 자신은 그렇게 제대로 공부하지 않았다는 것이죠. 어쨌든 어려서부터 아이들에게 가르치는 과목들도 천편일률적입니다. 피아노와 태권도는 대한민국의 유아기에 반드시 해야 하는 필수과목처럼 되어있지요. 피아노로 음악적인 소양을 키우는 것이 아니라 주변의 아이들이 모두 배우기 때문에 피아노를 배우고, 태권도 도장에 가서 몸을 자신의 의지대로 움직이는 것을 배우는 것이 아니라 띠를 받아 승급하고 대회의 상장과 트로피를 수집하는 것을 목표로 하게 됩니다. 국기원에 돈을 꼬박꼬박 상납해 가면서 말이지요.

그렇게 어려서 피아노를 배웠던 절대다수의 아이들 중에서, 피아노를 전공으로 선택하는 것은 둘째치고, 성인이 되어서 피아노를 취미생활로 하는 사람이 몇 퍼센트나 될까요. 자신이 좋아하는 곡을 연주하면서 여가를 보내는 성인은 아마 1%도 되지 않을 것입니다. 태권도를 배워 자신의 몸을 수련하는 기초로 삼거나 길에서

불량한 학생들을 만났을 때 제대로 된 교육을 시켜줄 수 있는 사람은 아마 0.1%도 안 될 것입니다. 태권도의 이점을 굳이 꼽으면 군대의 태권도 수련시간에 열외를 시켜주는 정도일까요.

한때 전국을 들썩이게 하며, 피아노와 태권도 학원보다 훨씬 럭셔리하게 학부모들의 돈을 짜낼 아이템으로 등극한 것이 '영유'로 불리던, '영어유치원'이었습니다. 원어민 선생님과 영어로 소통하고 영어로 매일같이 노래를 부르고 다녔음에도, 정작 그 가운데 영어가 원어민 수준이라 인정받는 아이들은 극히 드물 정도입니다.

왜 그럴까요. 철저한 학교 외 사교육 시스템의 구축으로 인해 한국인들은 말을 떼고 걸음마를 떼고 기저귀를 떼고 난 다음에는 그 시스템의 굴레에 들어가 빠져나오지를 못합니다. 대학교에 입학할 때에나 비로소 자유를 만끽하게 되지요. 아니, 공무원 시험을 준비한답시고 노량진 공시 학원을, 토익점수를 따야 한다고 영어 학원을 꽉꽉 채운 학생들을 보면, 어려서의 그 사교육의 분위기 속에서 빠져나오지는 못하는 것입니다. 성인이 되어서도 내가 더 배워야 할 것들은 따로 학원에 가서 익혀야 한다는 사고방식에 익숙한 것이지요.

교육의 성과는 성인이 될 때까지 쌓이지 않지만, 그렇게 쳇바퀴를 돌았던 이들은 자신이 넌더리를 내던 교육방식을 부모가 되어 자기 자식들에게 대물림합니다. 대를 이은 피해자의 양산이지요. 덕분에 쳇바퀴를 돌며 한국인들은 특유의 인내심을 학습하게 됩니다. 어려서부터 엄마가 시키는 일은 다 나를 위한 것이라는 가스라이팅을 받아왔기 때문에, 엄마 말에 토를 달지 않습니다. 당연히 이것은 참아야만 내가 잘살 수 있는 것이라 생각하며 마늘과 쑥을 먹는 곰의 심정으로 엄마의 과제들을 묵묵히 시키는 대로 해나갈 뿐입니다.

특목고, 과학고, 외고를 가기 위해 학원을 다니고, 내신을 위해 내신 대비반을 다니고, 대학에 떨어지면 재수 학원을 다니고, 대학을 가서 다들 외국어를 공부한다고 하니 외국어 학원을 다니고, 취업을 위해 영어 공인 점수가 반드시 필요하다고 하니 고득점을 따기 위해 학원을 다니고, 면접을 잘해야 취업이 쉽다고 하니 인터뷰 방식을 알려주는 학원을 다니고, 편한 인상을 만들어야 한다고 성형외과와 피부과를 찾고, 의료인이나 법조인이 되기 위해 의전원과 로스쿨의 입학을 위한 학원을 다니고, 들어가서는 해당 과목의 점수를 확실하게 따기 위해 또 학원을 다니고, 최종 시험의 족집게 강사의 수업을 듣기 위해 학원을 다니는 일이 반복됩니다.

이렇게 사회적인 시스템이 '열공'을 체계적으로 조장하고, 이 성적으로 서열을 정해서 나중에 잘살고 못사는 것이 정해진다고 가스라이팅을 당하는데 공부를 못할 수가 있을까요? 지금은 노골적으로 부의 기준이 학습 능력의 기준이 되었지만, 불과 10여 년 전까지만 하더라도 '개천표'라고 하며 부모가 배우지 못하고 돈 없는 아이들도 공부만 잘한다면 인생 역전을 할 수 있다고 사회 전체가 믿고 있었으니 말입니다.

대열에서 처지게 되면 인생이 '쫑' 나버리고 만다고 사회적으로 판결을 받아버리는 구조이니, 대학에 가서도 조금 더 나은 학교로 인생 업그레이드를 하기 위해 편입학원은 비어있는 강의실이 없고, 멀쩡히 대학을 졸업하고 회사를 다니던 사람들마저 의전원과 로스쿨을 위해 다시 공부를 하고, 아예 수능을 다시 보는 것까지 유행처럼 되어버리고 만 것입니다.

한국만 그런 것이 아니라 전 세계적으로 자신의 자식들이 공부를 잘하고 다른 사람보다 앞서나가기를 바라는 것이 당연하지 않으냐고 생각할 수도 있겠습니다. 하지만 그 마인드와 방식이 모두 한국 사람 같지는 않다는 사실을 한국 사람들만 모릅니다. 한국을 제외한 세계 어느 나라에도 10대의 10대 자살 원인 중에 성적이 들어있지 않습니다.

왜 한국인은 영어에 집착할까?

나라를 팔아먹은 매국노, 이완용은 일찍이 죽음을 앞두고 자신의 아들에게 "이제는 일본의 시대가 아니라 미국의 시대이니 영어를 배워라"라는 희대의 '웃픈' 유언을 남겼습니다(비하인드 스토리이긴 하지만, 이완용은 처음에는 영어에 능통한 친미파였고, 일본어는 한마디도 못 하는 인물이었습니다). 시대의 흐름을 먼저 읽고 더 큰 세력에 들러붙는 데 탁월한 능력을 보였던 그의 예언처럼 이후 한반도는 미국의 영향 아래에서 영어만 잘하면 먹고사는 데 아무런 지장이 없는 나라로 성장해 왔습니다.

그런데 말입니다. 일찍이 식민지 시대의 매국노마저도 미리 영어 공부에 매진하라고 유언을 남길 정도의 나라에서, 아직도 동네마다 가장 많은 보습학원에서는 영어라는 과목을 가르치고, 학교에서도 항상 국어, 수학만큼이나 그 중요성을 강조하며, 회사에 입사하기 위해서는 영어성적을 제출해야 하는 나라에서, 영어 실력은 왜 이 모양일까요. 외국인들, 특히 영미권의 나라 사람들은 한국인들의 영어 실력에 절대 후한 점수를 주지 않습니다.

실제로, 스웨덴의 교육 기업 '에듀케이션퍼스트[EF]'가 최근 발표한 '2023 영어능력지수[EPI·English Proficiency Index]'에서 한국의 영어 실력은 49위를 기록했습니다. 이는 그 전해의 36위에서 무려 13계단이나 하락한 수치입니다. 참고로, 이웃 나라인 중국은 82위, 일본은 87위로 각각 지난해보다 20위, 7위나 떨어져 동아시아 국가들이 일제

168
169

히 동반 하락을 기록하기는 했습니다. 중국이나 일본보다 영어 실력이 훨씬 더 상위에 있으니 그 정도면 괜찮은 것 아니냐고 자위해서는 안 됩니다. 중국이나 일본의 대도시 한복판에서 영어로 길을 물어봤을 때 길 안내를 해줄 수 있는 사람들을 만날 가능성은 대학가 근처라 하더라도 그리 높지 않다는 사실을 상기해 보면, 한국이 그들 나라보다 상위에 있다고 회심의 미소를 짓기는 이르지요.

EF는 자체 개발한 영어 능력 평가시험 EF SETEF·Standard English Test 이라는 것을 2011년부터 실시해 비영어권 국가의 영어능력지수 순위를 발표해 왔는데요. 1~12위는 '매우 높은 능력', 13~30위는 '높은 능력'으로 평가되는데, 한국의 49위는 그야말로 '보통 능력'으로 구분되고, 중국, 일본이 속한 64~90위는 '낮은 능력'에 속한다고 합니다. 참고로, 1위는 네덜란드, 2위는 싱가포르, 3위는 오스트리아가 차지했습니다.

작년 한중일 삼국이 유독 영어 실력이 떨어진 것과 관련하여, 해당 기관에서는, "지난 4년간 동아시아 국가들의 영어 실력이 계속 약화했다. 특히 일본은 지난 10년 동안 영어 실력이 떨어졌다"라고 지적하면서, "코로나19로 인한 교류 제한이 동아시아 국가들의 영어 실력이 하락하는 데 영향을 줬다. 그러나 영어교육이 필요하다는 서구의 문화적 패권에 반기를 드는 (동아시아 국가들의) 자신감이 나타난 것일 수도 있다"라고도 분석했습니다.

한국의 영어 실력이 뜬금없이 최근에 하락세를 보이는 것에 대한 그들의 분석은 그렇다손 치더라도, 한국인의 영어 사랑과 성적 지상주의에도 불구하고 한국인의 영어 실력이 터무니없이 낮아 보이는 이유는 어째서일까요?

그 이유를 설명하기 위한 가장 적절한 데이터가 한 가지 있습니다. 바로 한국인의 연령대별 영어 실력을 분석한 자료가 그것입니다. 한국인의 영어 실력은 입시와 취업 준비를 하는 고교생과 대학생 연령대에서 가장 높고, 직장생활을 하는 30~40대에서는 평균 이하로 떨어지는 것으로 나타났습니다. 이 데이터의 행간을 분석해 보자면, 한국인들의 영어 능력은 시험성적에만 집중되어 있을 뿐 정작 그 언어의 구사에 관련한 능력은 영 아니라는 결론이 도출됩니다.

즉 한국인들의 영어 공부는, 해당 언어의 실제적인 구사 능력을 향상시키는 데에 요점이 있지 않습니다. 즉 한국의 교육은 외국어를 하는 이들과의 대화를 향상시키거나, 외국어로 이루어지는 업무에 좀 더 잘 적응하도록 하거나, 혹은 외국어로 적혀있는 전공서적 등의 책을 읽는 데에는 집중하지 않습니다. 학습자가 언어를 원활하게 구사하는 것에 목적을 두지 않는다니, 기형적인 언어교육이라고 해도 과언이 아닌데요. 이것은 한국인들의 등급 매기기 좋아하는 성향과 아주 밀접한 연관성을 가지고 있습니다. 한국에서 공식적인 외국어 교육은 점수를 매겨 순위를 따지는, 전형적인 등급 테스트에 한정될 뿐입니다. 오직 등급을 나누기 용이한 방법, 즉 어려운 문법이나 사용하지도 않는 단어들을 외우게 하는 것에 몰두합니다. 그야말로 시험을 위한 시험에 학생들을 몰아넣고 있는 것이지요.

그 명백한 증거를 하나 대 보겠습니다. 한국의 수능 영어 문제를 원어민들에게 풀어보라고 줬을 때, 그들조차 만점을 맞기 어려워한다는 것이지요. 사실 수능은 양반이고, 학력고사 시절부터 한국의 기형적인 영어 시험 문제는 외국인들에게도 악명이 자자했습니다. 그렇기 때문에 일본의 영어 문법책을 그대로 번역하기만 했던 서적이 수십 년에 걸쳐 한국의 영어 학원 메인 교재로 활용되며 저자를 돈방석에 앉혀놓을 수 있었던 것이죠. 사실 영어뿐만이 아니라 수학도 그리 큰 차이가 없었습니다.

이쯤 되면, 한때 한반도를 휩쓸었던 영유(이른바 영어유치원) 열풍을 언급하며 실질적인 영어교육이 왜 없었냐고 반문할 분들이 있을지도 모르겠습니다. 하지만 영유의 한계는 아주 뻔했습니다. 교사 자격증이라고는 구경도 못 했던 이들을 그저 영어를 쓰는 나라에서 왔다는 이유 하나만으로 이제 한국어를 막 뗀 아이들의 선생님이라고 붙여놓는 것부터 말이 안 되지요. 게다가 교재 역시 말도 안 되는 수준의 것이었는데요. 그런 물건에 가격표에 '0' 하나 더 붙여가며 아이들에게 그저 달달 외우라고 시켰던 것이 바로 영유의 정체였습니다.

그렇다면 국제학교라고 자처하는 곳 출신의 아이들은 좀 나았을까요? 아니요. 껍데기만 국제학교라 불렸던 그곳에서는 선생님만 영어로 수업을 진행할 뿐, 아이들은 여전히 한국어로 떠들고, 해석을 한국어로 적어가며 서로 이해하지 못한 내용을 묻습니다. 토론 수업은 기본적인 단어의 조합으로 이루어지기 일쑤였죠.

그나마 영미권에서 교육을 받은 아이들은 생활 자체가 영어로 둘러싸여 영어로 소통하지 않으면 생존할 수 없는 상황이니, 본토 영어를 억지로라도 몸에 익히게 됩니다.

맞추기 어려운 문제를 내서 점수로 차등을 두기 위한, 시험 과목 중 하나로 전락한 영어를 공부하는 아이들은 문제 풀이를 위한 영어 공부에만 매진합니다. 영어로 된 책을 읽는 능력이나 자신의 의견을 영어로 제시하고 상대방과 영어로 토론하는 능력을 키우려면 또 따로 듣기와 말하기, 쓰기를 공부해야 하는 상황입니다.

매국노 이완용이 자식들에게 배우라고 한 영어는 오늘날 한국인들이 학교에서 배우는 그런 모습이 아니었겠지요.

왜
한국인은
그렇게
많은
기념일을
챙기는
걸까
?

2장 | 열광하고 집착하는 것들

새로운 해를 맞이하게 되면 학생들과 샐러리맨들이 가장 먼저 달력을 통해서 확인하는 것이 있습니다. 이것은 한국에 한정된 것이 아닌, 전 세계적인 현상이지요. 바로 달력에서 빨간 날을 확인하는 것입니다. 공부하지 않고, 일하지 않는 날이 얼마나 많은지, 연휴는 얼마나 쓸 수 있는지를 확인하고 싶어 하는 것이죠.

크리스마스가 빨간 날(휴일)인 나라는 한중일 삼국 중에서 한국이 유일합니다. 실제로 아시아 총 47개국 중에서 크리스마스가 휴일인 나라는 필리핀, 싱가포르, 인도네시아, 카자흐스탄, 아르메니아, 팔레스타인, 조지아, 요르단, 레바논 등 한국인들에게는 생경하기 이를 데 없는 나라들뿐입니다. 또 러시아와 키르기스스탄, 에티오피아, 이집트 등에서는 크리스마스가 12월 25일이 아닌 1월 7일인 것도 한국인들의 상식과는 많이 다른 부분입니다.

왜 뜬금없이 또 크리스마스에 빨간 날 이야기를 꺼내는지 의아하신가요? 어떤 나라와 그 나라 사람들을 이해하는 데에는 여러 가지 관점의 틀이 있겠지만, 의외로 그 나라의 달력을 보며 그 나라의 휴일(정확히는 기념일)을 확인하는 것도 매우 유의미할 수 있다는 말씀을 드리려는 것입니다.

그런데 말입니다. 빨간 날이라서 전 국민이 휴일로 쉬는 국가의 기념일보다 훨씬 더 중요한 기념일들도 많습니다. 가장 일반적인 것이 자신을 포함한 가족들의 생일이 있을 것이고요. 앞에서 설명했던 사랑하는 부모님이나 조부모님의 기일이 있을 수 있겠고요. 결혼기념일도 그중 하나에 포함될 수 있을 겁니다. 이 정도는 국제적으로도 흔한 기념일들이라고 할 수 있겠네요.

하지만 여기서 한국적인 맥락에서라면 간과할 수 없는 기념일들이 등장합니다. 젊은 세대들을 중심으로 수십 년 전부터 현재에 이르기까지 변함없이 양산되는 다양한 연인들을 위한 기념일들이 바로 그것인데요. 지금은 아재와 아줌마가 되었을지 모르겠지만 수십 년 전 그 세대에도 분명히 연인들 사이의 기념일이란 있었습니다. 대표적으로 언제부터 한국에서 그렇게 챙겼는지는 모르겠지만, 밸런타인데이가 있겠고요, 그로부터 한 달 뒤에 여자가 줬으니 받아야 한다고 생긴 듯한 화이트데이도 있습니다. 그와 덩달아 연인이 없어서 솔로들끼리 짜장면을 먹는 3월 14일의 블랙데이도 있고요. 과자 업체에서 만든 것은 아닌가 의심되는 11월 11일의 빼빼로데이도 있습니다.

그뿐인가요? 연인으로 사귀기 시작한 지 100일이 되는 날은 반드시 챙겨야만 연인관계가 유지되는 데 큰 문제가 안 생기고요. 그렇게 100일 단위는 물론이거니와 365일 1주년이 되기 시작해서는 1년 단위가 추가되고 처음 키스한 날에서부터 처음으로 함께 한 날에 이르기까지, 기념일은 하루가 다르게 쌓여 가면서 기념하지 않는 날이 더 적어지는 기현상을 맞이하게 됩니다.

혼히 기념일 챙기는 것을 여자 쪽에서 바라고 여자들을 위한 날이라는 편견도 없지는 않지만, 반드시 성별의 문제로 가름하는 것은 편견입니다. 기념일은 어쨌든 둘 다의 현재와 과거를 기념하는 날이고, 그것이 어느 한쪽만을 위한 것은 아니니까요.

그러면 다시 본 주제로 돌아와 볼까요? 60살이 되는 생일인 환갑이 그렇습니다. 이제는 100세 시대라 하여 환갑은 잔치까지는 필요 없다고 하지만 안 챙길 수는 없는 날이죠. 그리고 칠순에는 칠순 잔치를 하고, 팔순에는 팔순 잔치를 합니다. 연인들의 100일 단위, 1년 단위, 결혼하고 나서는 10년 단위의 기념일들을 깨알같이 챙기고 경축합니다. 이런 문화의 DNA는 언제부터 왜 어떻게 한국인들에게 발현되었던 것일까요?

앞에서 설명했던 음력을 기준으로 한 설이나 한가위를 챙기는 것이 농경사회에서 발현된 것이라면, 농경사회의 명절이었던 청명이나 단오도 한국에서 휴일로 지정하고 그 의미를 두어야만 하겠습니다. 하지만 한국에서는 청명이나 단오의 의미조차 희석되어 어떤 방식으로도 기리지 않습니다. 때문에 단순히 농경사회의 배경이 아직도 작용한다는 설명은 설득력을 갖지 못합니다. 그에 반해, 한여름 더위인 삼복더위에 삼계탕 등의 보양식을 먹는 문화는 여전히 한국에서는 유효합니다. 언젠가 《워싱턴 포스트》 기사에서 블랙데이에 대해 '그들의 영혼의 색과 동일한 색깔의 음식에 연애사적인 고민을 묻어버리는 것'이라고 표현했던 것과 연관 지어, 한국인들은 먹는 것과 관련된 문화만 발전시켰다고 이야기하는 이도 없지는 않습니다.

　　무언가를 경축할 때 모든 이들과 함께 하는 문화는 농경사회에서 시작되긴 했지만, 한국인들만의 특유의 정서를 담고 있습니다. 음식 문화는 모임에서 빼놓을 수 없는 것이기에 함께 가게 된 것이고요. 단순히 음식을 같이 먹는 것에 포인트가 있는 것이 아니라, 음식을 매개로 기념일에 서로 같이하는 것에 의미가 있는 것입니다. 그래서 한국에서는 밸런타인데이의 본래 취지와는 상관없이, 초콜릿의 달콤함을 공유하는 것에 의미를 두는 밸런타인데이로 진화하게 된 것이지요.

　　한국에서의 연인들이 갖는 기념일은 100일이나 1주년 수준에서 끝나지 않습니다. 1000일, 2000일까지 이어지죠. 연인이 부부 사이가 되더라도 그 기념일은 쉽게 없어지지 않습니다. 기념일이라는 것은 결국 해당되는 날의 의미를 함께 경축하자는 것이고, 그것이 의미 있는 것은 자신에 대한 이기적인 생각에서 비롯되는 것이 아니라 상대와 함께하기에 의미를 갖기 때문입니다. 만약 단순히 자신의 생일이나 자신이 승진한 날 등 자신에게 좋은 일만을 경축하는 것이라면 개인주의적인 사고로 분석하는 것이 맞겠죠. 하지만 대표적으로 연인들의 기념일은 두 사람이 함께 무언가를 시작했던 것의 축하죠. 연애하는 대상과 지나온 시절을 함께 추억하고, 기념하고 싶어 하는 마음이 강한 것이죠.

이것은 한국인들에게 있어 '잔치'라는 개념과 그 궤를 함께 합니다. 내 아이가 죽지 않고 건강하게 100일을 넘기면, '백설기'라는 떡을 만들어 마을 사람들에게 돌립니다. 그저 자신에게 축하할 일이니까 축하해 달라는 의미가 아닙니다. 그것은 '내' 기념일이 아닌, '우리'가 함께 축하하고 경축해야 할 '잔치'인 것이죠.

생일잔치 역시 그렇습니다. 생일을 축하하는 것 자체는 전 세계 공통이지만, 서양의 경우 생일잔치를 준비하는 담당은 가족들과 주변의 이웃들입니다. 그런데 한국의 생일에는 생일을 맞은 사람 자신이 한턱은 내겠다고 이야기합니다. 주인공이 생일상을 차리고 다른 이들을 초대하는, 조금은 묘한 축하 방식이죠.

왜
한국
인은
커피
를
좋아
할까
?

한국 드라마를 보면, 카페에서 커피를 마시거나 테이크아웃한 종이 커피 컵을 들고 다니는 장면을 쉽게 구경할 수 있습니다. 한국농수산식품유통공사의 식품산업통계에 따르면 2023년 국내 성인 1인당 연간 커피 소비량은 405잔이라고 합니다. 전 세계 1인당 연간 커피 소비량인 152잔보다 두 배 이상 높은 수치라고 할 수 있겠죠. 평균적으로 매일 한 잔 이상씩 커피를 마시고 있는 셈입니다. 수치만으로도 이렇게 엄청난 커피를 소비하는 나라는 많지 않을 겁니다.

식약처에 따르면 국내 커피 시장 규모는 2022년 기준 3조 1717억 원으로 2018년 기준 2조 5729억 원보다 약 23% 성장했습니다. 볶은 커피, 액상 커피, 인스턴트커피 시장 규모는 2018년 기준 5463억 원, 9756억 원, 2027억 원에서 2022년 기준 1조 327억 원, 1조 1297억 원, 2231억 원으로 각각 증가했습니다. 글로벌 시장조사기관 '스태티스타^{Statista}'에 따르면 국내 커피 시장 규모는 2023년 129억 달러(약 17조 6278억 원) 수준에서 꾸준히 성장해 오는 2028년엔 159억 달러(약 21조 7273억 원)에 육박할 것으로 전망된다고 합니다.

한국인들이 마시는 커피는 정말 다양합니다. 캔커피, 원두커피, 다방 커피, 믹스커피 등등 그 종류와 만드는 방법까지 가지각색입니다. 식품의약품안전처가 발표한 「식품 등의 생산실적」에 따르면, 2022년 기준 국내 커피 시장 규모는 약 3조 1717억 원으로 나타났는데요. 커피류 중 액상 커피 판매 비중이 35.6%로 가장 높았으며 뒤를 이어 볶은 커피(32.6%), 조제 커피(24.8%), 인스턴트 커피(7.0%) 순으로 판매 비중이 높았습니다. 마신 커피잔 수 증가 폭보다 시장 규모 증가 폭이 더 큰 것은 잔당 단가가 가장 비싼 원두커피 시장이 급속히 확대됐기 때문으로 해석할 수 있습니다. 과거 국내 커피 시장은 커피믹스 등 인스턴트커피 위주였으나 2000년대 들어 스타벅스와 커피빈 등 다양한 커피전문점들이 늘어나면서 원두커피 시장이 급성장했습니다. 건강을 우선시하는 소비자의 증가로 인해 설탕이나 착향료가 들어간 조제 커피(믹스커피) 소비는 지속적으로 감소하는 추세입니다. 카페 산업을 보면 저가 전략을 내세운 커피 프랜차이즈 브랜드의 성장과 고품질의 스페셜티 커피를 취급하는 커피전문점의 강세가 지속되고 있습니다.

대한민국에서는 다른 나라와 달리 어딜 가나 한 집 건너 하나꼴로 카페를 쉽게 접할 수 있는데요. 통계청에서 발표한 「서비스업 조사」 결과를 살펴보면, 2022년 기준 국내 커피전문점 사업체 수는 10만 7백 개로 전년 대비 4.5% 늘어 처음으로 10만 개를 돌파했는데요. 종사자 수 또한 전년 대비 13.8% 증가한 27만 2천 명이었으며, 매출액은 14.7% 증가한 15조 5천억 원으로 우리나라 커피전문점 시장은 여전히 성장 중인 것으로 나타났습니다.

그렇다면 왜 이렇게 한국인들이 커피를 좋아하게 되었을까요. 그 해답을 찾기 위해서 커피 마니아의 절대다수가 속해 있는 직장인들에 대한 설문조사를 살펴봅니다. 잡코리아에서 직장인 820명을 대상으로 '업무효율이 떨어질 때 하는 일'을 조사한 결과 '커피 한 잔(39.5%)'이 1위를 차지했습니다. 특히, 출근 직후나 식사 후 오후에 밀려오는 피곤함과 식곤증을 쫓기 위함이라는 점이 직장인들이 커피를 찾는 가장 큰 이유로 꼽혔습니다.

이 부분에서 사람들은 비슷한 의문을 갖게 될 겁니다. '왜 피곤할 때 커피를 마시지?' 하는 질문이지요. 커피에 함유된 대표적인 화학물질은 바로 카페인caffeine입니다. 대략 한 잔의 커피에 카페인이 약 50~150mg 정도가 들어있습니다. 카페인은 중추 신경에 자극을 주는 물질로 일시적으로 졸음을 없애주기도 하고, 긴장감을 유발하여 집중력을 높여주기도 합니다. 유난히도 회의가 많고, 야근이 많고 업무량이 많은 한국의 직장인에게는 음료를 빙자한 약이 바로 커피였던 셈이죠.

학생들이 시험 기간에 졸음을 쫓고 집중력을 키우기 위해 커피를 마시는 것도 같은 이유에서입니다. 그런데 카페인이라는 약물은 중독이라는 함정이 있습니다. 화학적인 중독 현상은 물론이고, 한번 각성효과를 체험하면 다시 몸이 나른해지거나 할 때도 심리적 이유로 커피를 찾게 되죠.

물론 커피를 찾는 이유 중 향과 맛을 빼놓을 수는 없습니다. 한국의 커피 시장은 점차 선진국형으로 변모하면서 매장에서 커피 원두의 로스팅 roasting까지 겸하는 이른바 '로스터리 카페'가 갈수록 늘어나고 있는데요. 다시 말해, 한국인의 커피 사랑은 이제 양보다는 질로, 좀 더 훌륭한 맛과 풍미를 제공하는 제품을 선호하는 쪽으로 진화하고 있다는 것입니다.

이러한 현상은 '소박한 럭셔리'라는 독특한 한국의 소비문화 패턴에서 그 해답을 살펴볼 수 있습니다. 주머니 사정이 넉넉하지 않은 젊은 층들이 싼 가격의 밥을 먹더라도 그리 크지 않은 돈으로 누릴 수 있는 사치를 누리고 싶다는 심리적 보상의식을 발동하게 되는 것이지요. 돈이 많다면 뭐든 비싼 것을 사겠지만, 그렇지 않다면 자신을 위해 소박한 사치를 커피 한 잔을 통해 이루고자 하는 것이지요. 이것은 일본의 젊은 여성들이 디저트 문화에 의외로 적지 않은 돈을 소비하는 현상과 비슷한 맥락입니다.

왜
한국
인은
외국
인에
집착
할까
?

그 나라 사람들이 어떤 외모를 선호하는지를 살펴보는데 가장 확실한 방법은 광고에 등장하는 모델을 살펴보는 것입니다. 외국에 나갔을 때, 특히 영미권의 해외 국가에서 한국인, 아니 동양인을 모델로 보는 일은 굉장히 어려운 일입니다. 사실 서양인들이 좋아하는 동아시아적 얼굴은 동양인들 눈에는 그다지 예쁘다고 보기 어려운 축에 속합니다. 이를테면 디즈니의 포카혼타스나 뮬란 같은 스타일이죠. 하지만 그런 모델들조차 서양에서는 드뭅니다.

그런데, 왜~! 도대체 왜 한국의 광고에서는 그토록 많은 외국인 모델들이 등장하는 걸까요? 심지어 한국 음식을 먹고 있는 외국인 모델의 스틸 사진을 보는 것은 아주 오래전부터 어색한 일이 아니었습니다. 심지어 한국인에게 최적화되어야 하는 상품들, 예컨대 화장품이나 한복까지 서구인들이 점령하고 있습니다. 특히 동네마다 여기저기 널려있는 미용실의 모델들을 보면, 도대체 왜 한국인이 아닌 외국인들이 게슴츠레한 눈을 뜨고 우리를 응시하고 있는 걸까 의문이 들 때가 있죠.

한국 사회를 통째로 일반화할 수 있는 기준이 될 수는 없겠지만, 이 글을 시작하면서 설명했던 바와 같이, 광고계는 다수의 소비자에게 어필하는 것을 그 목적으로 합니다. 현재 사람들이 단순히 서구적인 체형을 선호하기 때문이라고 포장하기에는 이미 그 선을 넘어도 한참을 넘어, 아예 서구인에 대한 집착에 가까운 선망이 있는 것처럼 보이죠.

이러한 한국인들의 외국인에 대한 선호, 혹은 집착에 대한 심리적 저변에는 백인의 외모가 한국인의 그것보다 이상적인 미美에 가깝다는 편견이 감춰져 있습니다. 이 사실을 모르시는 분은 드물 겁니다. 하지만 미디어에서 보이는 외국인 사랑에는 그런 외모나 눈에 보이는 것을 넘어선 어떤 고정관념이 깔려있는데요. 이 관념은 아주 오래된 최면 같은 것입니다.

곧 '이 반지를 끼면 저 광고사진 속 금발 모델처럼 예뻐 보일 거야'의 차원을 넘어, '외국인이 하는 거라면 분명히 좋은 걸 거야' '외국인이 하는 말이니까 믿을만할 거야' 등의 외모를 초월한, 근거 없는 고정관념이 한국인들의 머릿속에 아주 깊숙이, 그것도 오랫동안 깔려있다는 의미입니다.

한국인이 서양인들을 직접 만난 것은 생각보다 그리 오래되지 않았습니다. 코가 크고 눈이 파란 백인들을 만났던 한국인들은 놀라 자빠질 정도로 충격을 받게 되죠. 그럼에도 불구하고 적응력이 빠르기로 둘째가라면 서러워할 한국인들은 자신들과 다른 외모에 대한 외국인들과 친화하기 시작합니다.

그럼 한국인의 외국인 사랑은 자신들과 다른 이국적인 외모에 끌려서일까요? 그 가설이 맞다면, 이후에 만나게 되는 흑인들에게도 마찬가지로 적용되어야 할 겁니다. 라틴계나 중동계에게도 마찬가지일 테고 말이죠. 그런데 여러분들도 알다시피, 한국인들의 외국인 사랑은 유독 백인, 그것도 영미권 계통에 치우치는 모습을 보이고 있습니다. 어쩌다가 한국인은 그런 삐뚤어진 외국인 선호를 갖게 되었을까요?

그것은 우리보다 먼저 서구의 흑선黑船에 압도되어 강제 개항했던 일본의 외국인 선호가 한국의 그것과 비슷하다는 점에서 실마리를 찾아볼 수 있습니다. 일본은 서구열강의 힘에 눌려 바로 문호를 개방하고 서구화의 속도를 높였습니다. 얼마 지나지 않아 그들은 서양 문물을 적극적으로 받아들여야 한다는 결론을 냈는데요. 처음부터 그렇게 주장한 이들은 물론, 그들에게 이끌려 서양을 배우고 익히기 시작한 일본인들 역시, 자신의 것보다 서구의 것이 모든 면에서 우월하다는 의식에 빠져들게 됩니다

처음에는 서구의 과학기술에 대한 동경과 감탄에서 시작되었지만, 그런 선망은 서구적 복장이나 서구적 외모에까지 확장되었습니다. 결국 서구라는 딱지가 붙은 모든 것들이, 그리고 서구 자체가 모두 동양적인 것들과 동양 자체보다 우월한 것이라는, 황당하지만 어찌 보면 자연스럽기도 한 선입견이 생기게 됩니다.

그런데, 끝까지 파란 눈의 외국인들에게 맞서 싸워야 한다며 버티며 쇄국으로 일관했던 한국이 어떻게 그런 일본과 같은 서양인 선호 고정관념을 갖게 되었을까요? 한국이 서양을 받아들이기 시작

할 즈음의 상황은 일제 강점기와 맞닿아 있습니다. 한국인들은 일본인들이 선호하는 것을 그대로 따라 하게 됩니다. 일본말을 쓰고 일본옷을 입기도 했지만, 그보다 더 신식인 것은 바로 서양적인 것이었습니다. 그들이 쓰는 서양식 화장품을 쓰고, 비가 오면 그들이 사용하는 서양식 우산이라는 것을 쓰고, 햇볕을 피하기 위해 유럽도 아닌데 챙이 큰 모자를 쓰고 베일을 가리기까지 한 것이죠.

그런데 그러던 일본이 전쟁에 패하고 물러나면서 한국은 미국의 원조를 받게 됩니다. 미군이 나눠 주는 레이션 깡통이나 초콜릿은 당대 최고급 음식이었습니다. 문화적인 분야도 마찬가지여서, 당시에는 미군들이 보는 잡지가 최고의 문화상품이었죠. 이것들은 한국인들로 하여금 미국적인 취향에 익숙해지게 하는 것을 넘어서, 일종의 문화 식민지화를 부추기게 됩니다. 즉 잡지에 나오는, 미군들이 열광하는 스타일이 가장 아름다운 것이라는 인식이 한국인들의 뇌리에 박히게 됩니다.

정치적으로도 한국전쟁에서 미군의 적극적인 원조와 지원을 받은 한국인들은 자신들을 죽음의 위기에서 구원해 준 백인들에게 우호적인 인상을 갖게 됩니다. 미국에서 공부하고 미국에서 만난 서양인을 아내로 둔 대통령은 일본도 하지 않은, 크리스마스를 공휴일로 정하는 등 파격적인 친미 행보를 이어나갔습니다. 그것은 이전까지 한국인들에게 깔려있던 미국인, 더 넓게는 서양 백인에 대한 우호적인 고정관념을 좀 더 구체화하고 강화시키는 역할을 하게 되었습니다.

친미, 친서방이라는 역사적 흐름은 이후 반세기 넘게 이어져 왔는데요. 최근에는 현대 미디어의 발달과 맞물리면서 확장됩니다. 〈미녀들의 수다〉라는 이름으로 오랫동안 방송되었던 프로그램은 사실 일본의 유사 프로그램을 베낀 것입니다. 하지만 위에 설명한 일본과 한국의 동일한 선호의식이 자연스럽게 반영된 모방이라고 할 수 있겠습니다. 그 이전까지만 해도 외국인은 단순히 신기한 존재였던 반면, 〈미녀들의 수다〉에서는 한국어를 잘하는 외국인이 친근한 존재로 소비되고 있었습니다. 이 역시 일본의 예능에서 그대로 보이는 흐름이기도 하지요. 이에 발맞추어 한국말 잘하는 흑인, 중국인, 일본인이 방송에 등장했습니다. 그럼에도 불구하고 그들은 미적 기준을 소유한 존재들이 아닙니다. 예능을 살릴 수 있는 감초 역할만 부여받을 뿐이죠. 그들에게는 '멋진', 혹은 '아름다운'이라는 수식어가 붙지 않습니다.

혼혈들에 대한 선호 역시 일본에서 먼저 관찰됩니다. 일명 '하프 선호'라고 하는데요. 일본에서는 공중파의 아나운서 등 진중함을 요하는 분야에서도 폭넓게 그 영향을 발휘하고 있습니다. 한국에서도 다니엘 헤니나 제시카 고메즈 등 모델 역할을 하던 이들이 처음 유명해졌고, 최근에는 전소미, 강남, 낸시, 버논 등 아이돌

쪽에서도 인기를 얻고 있지요.

문화인류학적으로나 심리학적으로도 자신과 다르거나 자신이 가지고 있지 않은 것에 대한 이국적인 아름다움을 느끼는 것은 그리 이상한 일이 아닙니다. 하지만 한국인의 서양인 사랑에 대한 이면에는 이처럼 역사적으로 그리고 문화적으로 복잡다단한 이유들이 녹아있습니다.

왜

한국인은

하얀
피부에
집착
할까?

2021년 넷플릭스를 통해서 공개되었던 〈솔로지옥〉이라는 연애 리얼리티쇼 예능 프로그램은 공개되자마자 그 취지나 인기도와는 전혀 상관없는 피부색이라는 이슈로 화제가 되었습니다. 두 남성 출연자들이 한 여성 출연자의 첫인상을 이야기하는 중 피부색을 언급한 장면이 해외 시청자들의 반발을 샀는데요. 그들은 여성의 피부에 감탄과 호감을 표시하면서 "정말 하얗다" "하얗고 순백의 느낌이다" "원래 피부가 하얀 톤의 사람을 좋아한다" 등의, 어찌 보면 주변에서 흔히 들을 수 있었던 이야기를 아무렇지도 않게 했죠.

문제는 이것이 전 세계에 방송되는 넷플릭스의 프로그램이었고, '하얀' 피부가 영어의 'white'로 번역되어 자막이 달리면서 해외 시청자들에게 불쾌감을 주게 된 것입니다. 문화적인 차이로 인해, 한국인들에게는 아무렇지도 않을 외모에 대한 발언이 서양인들에게는 상당한 반감을 자아내곤 합니다. 게다가 그냥 외모도 아니고 더욱 민감할 수 있는 피부색을 언급하면서 여러 차례에 걸쳐 반복적으로 'white'가 아름다움의 기준인 것처럼 칭찬했으니, 서구인들의 불편함이 정점으로 올라가 버린 것이죠. 영국의 잡지 《더선》에서는 〈솔로지옥〉을 본 자국의 불편한 반응을 이례적으로 언급하면서, 한국인 남성들이 피부색을 언급한 것에 대해 해외 시청자들이 분노했다는 사실을 전했습니다. 그리고 한국인들이 '백인에 대한 집착'을 보이는 것의 일면으로 해석될 수 있는 여지가 있다는 분석을 전했습니다.

이 방송을 봤던 한 해외 시청자가 SNS에 올렸던 "그들(남성 출연자)이 밝고 창백한 피부를 얼마나 좋아하는지 이야기하는 게 너무 불편하다"라는 글이나 "〈솔로지옥〉의 모든 남자들은 하얀 피부에 집착하고 있다"라면서 "한국의 미의 기준이 싫다"라고 언급한 것을 기사는 근거로 들었습니다.

일단 이러한 반응에 대해 국내 누리꾼들은 한국의 미적인 기준은 백인을 선호하는 것과는 전혀 관련 없는 전통적인 미의 기준이자 개인 취향이라며 반박했는데요.

과연 그럴까요?

서양인, 그것도 우리네와 다른 인종인 백인을 처음으로 만난 일은, 한국인에게 있어서는 그야말로 문화충격일 수밖에 없었습니다. 1653년 일본의 나가사키로 가던 도중에 태풍을 만나서 표류하다가 제주도에 불시착하게 된 '하멜'이라는 인물은 그야말로 피부가 뽀얀 100% 백인, 네덜란드 동인도 회사 소속의 선원이었습니다. 그는 무려 14년 동안이나 조선에 억류되어 있으면서 조선을 경험한 내용을 기록으로 남긴 인물로 기억됩니다. 유명한 《하멜 표류기》라는 저서지요.

그는 전형적인 금발의 백인 청년이었습니다. 그의 기록에 의하면, 당시 조선 사람들은 그의 머리가 금발인 것에 대해서는 괴

물이라고 소문내면서도, 피부가 하얗다는 점에서는 자신이 조선인들보다 낫다는 식의 평가를 받았다고 기록했습니다. 본 적도 없었던 백인의 피부를 본 것만으로 황인종인 조선 사람들은 왜 그런 흰 피부색을 아름답다고 판단하게 되었을까요?

일단, 백인을 선호했다는 말도 안 되는 억측은 다소 근거가 없는 발언이라고 보는 것이 맞을 것입니다. 한국인은 황인종보다 백인종이 아름답다고 본 것이 아니라, 햇볕에 그을리지 않은 피부를 동경했다고 보는 것이 정확할 것 같습니다. 이 뿌리 깊은 한국인의 맑은 피부에 대한 선호는 여러 해설이 있지만, 사회심리학적 관점에서 분석하는 견해가 가장 설득력이 높다고 보입니다. 농경이 기본이었던 신분제 사회의 한반도에서는 대부분 사람이 밭이나 논에 나가 일을 해야만 했습니다. 당연히 땡볕에 검게 그을린 피부는 논밭에서 노동하는 이들의 표식과도 같은 것이었죠. 이와는 대조적으로, 권력층으로 대비되는 양반들은 상대적으로 노동을 하지 않았어도 되었기 때문에 햇볕에 그을리지 않았고, 맑고 잡티 없는 깨끗한 피부를 유지할 수 있었을 것입니다. 피부색만으로도 신분을 구분 지을 수 있는 상황이었던 것이었죠. 그렇기 때문에 조선인들에게는 검게 그을리지 않고 뽀얀 흰색처럼 보이는 맑은 피부가 높은 신분의 증명이자 미적으로도 훨씬 더 아름다운 존재인 것으로 인식되었던 것입니다.

이것은 화장의 역사와도 무관하지 않습니다. 백인들이 살던 유럽의 과거로 거슬러 올라가더라도 조선의 상황과 크게 다르지는 않았다는 사실을 발견할 수 있는데요.

영국 엘리자베스 1세는 얼굴에 약 1.3cm나 되는 두께로 분칠을 했다고 하는데, 결국은 심한 화장으로 인한 납중독으로 피부에 농포와 균열이 생겼고, 이렇게 망가져 버린 피부를 감추기 위해 얼굴에 분장 수준으로 더 두껍게 '떡칠'을 해서 더욱 피부가 나빠지는 악순환에 빠졌다고 합니다. 끝내 궁전 내 거울을 모두 없애버리는 파국에 다다랐다고 하죠. 그 시대의 백인 여성들은 납이나 수은 같은 유독 성분이 가득한 회반죽으로 만들어진 분을 얼굴에 바르기도 했습니다. 얼굴이 타들어 가는 듯한 따가움을 참아야 했지요. 잠자리에 들 때는 얼굴이 조금이라도 하얗게 보이는 데 효과가 있다고 하여, 고약한 냄새를 풍기는 돼지가죽을 붙이고 잠드는 문화도 있었습니다.

노동하지 않는 얼굴에 대한 선망은 피부가 하얀 수준을 넘어, 파리하고 수척해 보이는 모습을 선망하는 수준으로 나아갑니다. 19세기 낭만주의 시대 당시에는 창백한 외모를 한, 사소한 충격에도 까무러치는 가련한 여성이 미인으로 추앙받았던 것인데요. 이러한 아름다움의 기준에 부합하기 위해 당시 여성들은 언제라도 정신을 잃을 수 있는 연기 연습은 필수였고, 가냘픈 겉모습을 돋보이게 하려 관자놀이와 목, 가슴, 어깨 부분에 푸른 핏줄을 그림으로 그려 넣기까지 했다고 합니다. 결핵 환자처럼 창백해 보이기 위해 벨라돈나 풀에서 추출한 마약을 먹거나 젖먹이 아기의 소변으로 만든 로션과 신선한 인분(똥)의 증기를 쐰 헝겊 마스크 등을 사용하기도 했답니다. 퇴폐적이면서도 다소 병소가 짙어 보이는 눈매를 얻기 위해 밤늦게까지 책을 읽어 눈 밑에 기미를 억지로 만들기까지도 했으니까요.

이처럼 서양이든 동양이든 흰 피부에 대한 집착은 고귀한 신분의 상징으로 보이기 위한 것이었고, 문화인류학적으로 공통적인 부분이었습니다. 그러니 황인종이던 한국인이 새삼 백인을 동경했기 때문이라는 주장은 다소 설득력을 잃을 수도 있겠습니다… 만, 그것이 또 꼭 그렇지만도 않습니다.

한국 현대사를 살펴보면, 백인들은 침략자이기보다는 원조자로 기억되는 경우가 많았습니다. 물론 그것이 미국을 필두로 한 강대국의 외교 전략이기도 했지만, 그런 역사적 배경하에서 한국인들은 미국의 백인 우월주의 문화를 서양의 문화라고 받아들이게 됩니다. 그것이 백인과 흑인을 보는 한국인의 전통적인 문화적 기준이 되어버린 것도 사실입니다. 흑인은 예쁘지 않고 백인이 예쁘다던가, 예쁜 인형은 금발의 백인 여성이 기준이 되어버린 것도 할리우드로 대표되는 미국적 미의 기준의 학습력이라고 볼 수도 있을 것입니다.

여성들이 기초화장품으로 쓰는 파운데이션을 보더라도 가장 밝은 쪽이라고 하는 13호를 쓰는 사람과 반대로 어두운 계열을 쓰는 여성 간의 묘한 신경전을 보더라도 밝은 쪽을 쓰는 쪽이 묘한 우월감을 표시하는 것이나 피부 미백을 화장품이나 피부과에서 강조하는 흐름이 주류라는 사실에는 변함이 없는 것 또한 사실입니다.

앞서 다뤘던 애완동물에 대한 사랑을 보더라도, 한국에서는 흰색 털을 가진 작은 강아지를 여전히 압도적인 수준으로 선호합니다. 이 점에서 한국인들의 깊은 의식 속에 자리하고 있는 미적 기준의 역사를 완전히 부인할 수만은 없습니다. 『화장의 역사』를 쓴 하루야마 유키오에 따르면, 남성들이 매끄럽고 잡티 없는 피부의 여성을 선호하는 것 자체가 생물학적 본능일 수밖에 없다고도 합니다.

시대가 변화하면서, 태닝으로 적당히 그을린 피부가 건강미가 넘치는 피부색이라고 선호하는 다양한 미적 기준들이 나오는 것을 보면, 한국인들이 무조건적으로 하얗고 뽀얀 피부를 선호하는 것만도 아님을 알 수 있는데요. 물론 땡볕에 밖에서 일하면서 검게 그을린 피부와 굳이 돈을 들여 태닝 머신을 통해 피부 관리실에서 구운 피부가 사회적 계층처럼 구분된다는 사실을 놓쳐서는 안 됩니다. 자외선에 주근깨와 기미가 잔뜩 생긴 백인의 피부는 동경하지 않는다는 측면에서도 한국인이 선호하는 것은 피부 그 자체라기보다는 피부를 통해 보여지는 부의 척도, 그리고 사회적 위치라고 봐야겠습니다.

종합하면, 타인에게 보여지는 것에 유독 민감한 한국인의 특성과 전 세계를 관통하는 맑고 깨끗한 피부에 대한 선망, 그리고 고생하지 않아 그을리지 않은 얼굴을 높게 쳐주는 사회적 기준 등이 섞이면서 하얀 피부에 민감한 한국인의 성향이 나왔다고 볼 수 있는데요. 이것은 한국에서 피부과가 성형외과, 치과와 더불어 3대 마르지 않는 의료산업의 정점으로 한류를 등에 업고서 전 세계의 미적 기준을 선도하는 데 첨단의료기술을 자랑하는 배경이기도 합니다.

쉽게 변하지

않는 것들

왜 한국에는 방의 종류가 그렇게 많을까?

한국에는 정말 여러 가지 방이 많습니다. 노래방에서부터 찜질방, 피시방 등등. 심지어 카톡으로 단체 대화를 나누어도 그것을 '단톡방'이라고 부르지요. 특정한 공간에 대해 '방'이라고 이름 짓는 것에 아주 익숙해져 있는 탓입니다. 그 단어를 처음 듣는 외국인의 경우, '방'이라는 개념이 아주 독특하게 느껴져 조금은 이해하기 어려울 수도 있겠습니다.

'방'은 국어사전에서는 '사람이 살거나 일을 하기 위하여 벽 따위로 막아 만든 칸'이라고 설명하는데, 그 설명만으로는 한국인의 의식 속에 자리 잡은 '방'에 대한 개념을 설명하는데 한참 부족합니다. '방'은 단순히 눈에 보이는 격리된 공간만의 의미가 아니기 때문이지요. 한국인에게 있어 '방'은 여럿이 모여있는 공간이라는 의미를 강하게 갖습니다. 이것은 단순히 물리적 공간으로서의 의미보다는 누군가와 함께한다는 '공동'의 의미를 부여받게 됩니다.

'사랑방'이란, 마을 안 같은 동네에서 일종의 사회적 공간이었습니다. 한자 세대가 아닌 사람들이 오해하기 딱 좋은 사랑은 'love'의 의미가 아닌 한자어 '사랑舍廊'과 '방房'이 합쳐진 말로 사랑으로 사용하는 방이라는 의미입니다. 원래 '사랑舍廊'은 집의 안채와 떨어져 있는, 바깥주인이 거처하며 손님을 접대하는 곳을 이르는 말입니다.

여기서 중요한 사실은, 손님을 접대하던 곳, 즉, 주인이 손님을 맞아 함께 있던 공간이라는 데에 있습니다. 그곳에서는 친교親交가 이루어졌고, 좀 더 확장되면서 정보 교환이나 공유가 이루어졌습니다. 전통적으로 한국인들은 사랑방 같은 곳에서 아는 사람끼리 모여 개인적인 친밀감을 느끼면서 교류하는 것을 좋아했습니다. 모르는 사람이 불쑥 사랑방에 등장해 섞이는 경우는 흔치 않았다는 뜻이지요. 서양처럼 불특정 다수의 사람이 친교라는 목적으로 가지고 파티에 참석해 큰 공간에서 개별적으로 사교하는 것을 한국인들은 그다지 좋아하지도 익숙해하지도 않았습니다. 그래서 지금까지도 한국인들은 모르는 사람과 자연스럽게 대화하거나 사귀는 것을 선호하지 않는지도 모르겠습니다.

한국인들은 내가 속한 집단이 오순도순 모여 친밀감을 과시하는 것을 좋아하지 면식이 없는 외집단과 같이 있는 것은 그다지 달가워하지 않습니다. 어쨌든 아는 사람들과 소통하는 것에 익숙한 것이 한국 문화임에도 불구하고, 현대 한국 사회에서는 이런 교분을 나눌만한 장소가 사라져 버렸습니다. 그래서 조심스럽게 유추해보건대, 한국인들은 자신들이 자연스럽게 만든 사회적 공간에서, 혹은 그것이 상업적인 공간임에도 불구하고, 자신과 친밀한 이들과 함께한다는 심리적 안정감을 얻기 위해 그 장소에 그다지 어울리지 않는 이름인 '방'이라는 글자를 붙인 게 아닐까 합니다. 즉, '방'이라는, 본래는 단순한 물리적 공간을 가리키는 이 단어가 한국인들에게는 정서적 안정감과 상호 간의 교감이라는 배경을 담고 있는 공간이라는 의미로 거듭난 셈이지요.

찜질방은 이미 한국을 대표하는 문화가 되어버린 지 오래지요. 찜질방은 1990년대 초 부산에서 시작되어 급속도로 전국에 퍼졌는데 2000년대부터는 본격적으로 활성화되어 전국적으로 일반화된 공간으로 자리 잡게 되었습니다. 이 찜질방이 생겨난 배경은 의외로 아주 단순했습니다. 기존 목욕탕에 몸을 찜질할 수 있는 아주 뜨거운 방을 접목한 것이 전부입니다. 본래 동네 목욕탕의 단골이던 아줌마 부대가 노령화되면서, 날이 추워지면 뜨끈한 아랫목에 몸을 눕히고 지지던 시절에 대한 향수가 작동했을 법합니다. 어차피 목욕탕은 뜨거운 물을 계속해서 끓여야 하므로 지속적인 연료 소비를 감수해야만 합니다. 그 열기로 한증막도 만들고, 뜨거운 아랫목이 사방을 펼쳐진 '방'도 만들었던 것입니다. 집에서 아랫목이 사라지는 주택 구조의 현대화가 가속화되면서, 특히 아파트가 일반화되면서 공동의 공간으로까지 거듭나게 된 것입니다.

예전에는 목욕, 사우나, 한증막 등의 서비스들을 받으려면 여기저기 돌아다녀야만 했는데 찜질방이 등장한 뒤로는 한 장소에서 이 모든 서비스를 누릴 수 있게 되었으니 더없이 편해졌습니다. 이 점에 주목해 경제적으로 어려웠던 IMF 당시, 저렴하게 모든 것을 한곳에서 해결하려는 사람들이 욕구가 반영되어 이런 멀티형 대형목욕탕이 생겨난 것이라는 설도 있습니다. 그런데 막상 이 찜질방이라는 것이 생기고 나니, 목욕을 위해 혼자 찜질방을 가는 이들은 찾기 어렵게 되었습니다. 가족이 함께 가거나 심지어 대낮에는 아줌마들의 모임 장소로 안성맞춤인 곳이 되었지요. 목욕하고 운동도 하고 땀을 뺄 수 있으면서도 뜨끈한 방에 앉아 식사도 해결할 수 있는 공동의 공간이 탄생한 것입니다. 스스럼없이 화투패로 점을 치는 어르신도 있는가 하면, 젊은 커플이 거리낌 없이 바닥에 드러누워 만화책을 보고 귤을 까먹고 식혜를 마십니다. 집에서 하던 행동들을 공공의 공간에서도 할 수 있도록 일종의 암묵적 합의가 이루어진 것만 같습니다.

그런 점에서 보자면, 피시방도 마찬가지지요. 온라인 게임을 즐기는 이들은 점점 고사양 컴퓨터를 욕망하고 더 큰 모니터를 갈망하지만, 개인 컴퓨터를 매번 바꿀 수 있는 처지가 못 되니 피시방으로 달려가게 되었지요. 온라인상에서 서로 편을 먹고 해야 하는 게임이 나오자 피시방은 친구들끼리 모여 게임을 하면서 제멋대로 떠들어대고, 어른들의 눈치를 보지 않아도 되는 새로운 놀이터로 자리 잡게 된 것입니다. 노래방도 마찬가지지요. 아무리 흥이 올라도 술이 거나한 상태로 집에서 고성방가할 수는 없는 노릇이지요. 그래서 노래방은 넓은 공간에서 화려한 조명, 빵빵 터지는 음향과 더불어 왁자하게 놀아도 괜찮은 공식적인 놀이터가 된 것입니다. 비디오방도 같은 맥락으로 해석할 수 있습니다.

　　지금은 전체적으로 조금 유행이 사그라들긴 했지만, 한국의 '방' 문화는 그렇게 한국인들이 가지고 있는 '우리끼리만'이라는 동질감의 심리적 범위가 물리적인 공간으로 확장된 것입니다. 진짜 방의 모습은 아닐지라도, 그 공간에서 함께하며 동질감을 확인할 수만 있으면 '방'이 되는 문화는 어쩌면 한국인이 아니고서는 이해할 수 없는 것일지도 모릅니다.

왜 한국인은 집에서 신발을 벗을까?

세계적인 대학에 초빙받아 그곳에서 사택을 제공받게 되면, 의도치 않게 전 세계 각국에서 온 이들의 문화를 한 건물에서 비교 분석할 기회를 얻게 됩니다. 분명히 똑같은 사택이고, 구조가 다르지도 않은데 집의 꾸밈에서부터 식사는 물론이고 의복에 이르기까지 각양각색의 문화색을 경험하곤 합니다.

한국인의 집에 초대받은 외국인들이 유독 신기해하는 부분이 있습니다.

바로 집안에 들어오는 순간 신발을 벗고 맨발로 생활하는 한국인들의 문화적 특성입니다. 그나마 현관과 집안을 구분하는 턱이라도 있는 나라의 건축구조일 경우는 조금 다르지만, 대부분의 나라에서는 기숙사나 사택에 따로 현관과 실내의 구분을 두고 있지 않기 때문에 자연스럽게 신발을 신고 들어오려다가 한국인들이 묘하게 그 앞에 신발을 놓는 곳으로 구분하고 신발을 벗고 들어가 생활한다는 사실이 주춤하고는 눈치를 보는 거죠.

사실 밖에서 실내에 들어오게 되면, 신발을 벗고 생활하는 문화가 한국만의 독특한 문화라고는 할 수 없을 것입니다. 대표적으로 아랍권에서는 실내에서 신발을 신는 것 자체가 굉장히 불결한 것이라 여겨 신발을 신지 않고, 베트남의 경우에도 집에 들어갈 때 신발을 벗습니다. 심지어 베트남은 유치원이나 학교에서도 신발을 벗는 경우가 일반적입니다. 태국 역시 베트남과 크게 다르지 않습니다. 인도도 그렇고, 파키스탄이나 아프가니스탄 등에서도 실내에 카펫을 깔고 지내는 경우가 많아 신발을 자연스럽게 벗습니다.

바닥에 두꺼운 카펫을 깐다고 해서 그 형태나 질감 때문에 신발을 벗는 것은 물론 아닙니다. 대표적으로 호텔의 바닥 인테리어를 러그 형태의 카펫으로 하긴 하지만 대부분의 서양인들은 신발을 신고 생활합니다. 집과의 차이가 있다면 슬리퍼로 갈아 신는다는 정도가 될 겁니다. 너무도 당연하다고 생각하는 미국의 문화에서도 하와이주나 알래스카주 쪽은 실내에 들어갈 때 신발을 벗는 것이 당연한 문화이고, 바로 붙어있는 북미지역임에도 불구하고 캐나다에서는 집에 들어갈 때 신발을 벗는 경우가 보통입니다. 그래서 캐나다의 초등학교에서는 한국이나 일본에서 하는 것과 같이 실내화를 신습니다.

이렇게 각 나라의 문화를 얘기했지만, 대개는 취향에 가까운 것이라서 각 나라마다 신발을 신는 사람도 있고 벗는 사람도 있는 것도 사실입니다. 튀르키예의 원래 문화는 신발을 벗고 실내에 들어가는 것이 일반적이었는데, 최근에는 거의 대부분이 신발을 신고 실내에 들어가게 된 것이 대표적 예가 되겠습니다. 그에 비해, 한국인들은 해외에 나가더라도, 심지어 자기 집이 아닌 기숙사나 사택에 머무는 경우에도 100% 실내에서는 신발을 신지 않습니다.

그렇다면 왜 한국인들은 실내에서 신발을 벗고 지내는 것일까요? 한국에서 신발을 벗는 이유에 대한 가장 기본적인 해설은, 청결과 위생을 유지하기 위해서라는 견해입니다. 한국은 4계절이 뚜렷하여 비나 눈이 오는 날씨를 주기적으로 맞이하기 때문에, 신발에는 먼지나 진흙에는 세균 등이 묻기 쉬운데요. 실내에 들어오면서 신발을 벗으면 이런 요소들이 집안 전체로 퍼지는 것을 막아 깨끗한 생활공간을 유지하고 건강한 환경을 보장할 수 있기 때문입니다.

한편 한국의 온돌문화를 기반으로 한 인식 체계에서는 땅바닥과 방바닥이 완전히 다른 공간으로 인식됩니다. 침대문화가 아닌 온돌문화에서 방이란 내가 밥 먹고 자고 하는 것을 모두 하는 공간이기 때문에 땅바닥에서와 똑같이 신을 신고 생활할 수 없었던 것이죠. 이것은 한국의 전통문화에서 예의와 존경을 표출하는 방식과도 깊은 연관을 맺고 있습니다. 내 집이 아닌 다른 사람의 집이나 공간을 방문할 때, 신발을 벗는 행위 자체는 그 공간의 주인에 대한 존경의 표시로 여겨집니다. 다시 말해, 신발을 벗는다는 것은 깨끗하고 편안한 공간을 유지하려는 집주인의 노력을 인정하고 존중한다는 의미입니다.

집안에서는 신발을 신고 있는 것보다 신발을 벗고 있는 것이 당연히 더 편하다는 것은 모두가 알고 있는 사실입니다. 그렇다면 편한 것을 중시하는 합리적인 서양인들이 오히려 신발을 벗지 않는 이유에는 그에 합당한 현실적인 이유가 있었을 것입니다. 우선 벽난로 난방방식에서는 온돌과 달리 공기만 따뜻해지기 때문에, 추위로부터 체온을 유지하는 데 있어 신발을 벗는 것은 있을 수 없는 행위입니다. 그리고 다른 한편으로 서양에서 신발을 신는 것이 당연했던 것은 테이블 문화와 침대 문화가 이미 '바닥'과 나뉘어있었기 때문이기도 합니다. 자신이 자고 먹는 공간이 자신이 밟고 다니는 공간과 명확하게 구분되어 있기 때문에, 굳이 불편함을 감수하며 신발을 벗을 필요가 없었던 것이기도 합니다. 게다가 신발의 형태가 지금과 같은 간단한 구두이지 않았을 과거 복식문화까지 감안해 보면, 그것을 어렵게 신고 벗고 하는 일을 현관에서 한다는 것 자체가 그다지 편하지는 않았다는 점을 알 수 있습니다.

이런 차이로 인해, 한국에서는 밖에서 집으로 돌아오면, 일단 손발을 씻고 의복도 편한 옷으로 갈아입습니다. 서양에서는 자기 전에 샤워하고 잠옷으로 갈아입습니다.

최근에 오히려 미국을 중심으로 유럽에 이르기까지 실내에서 신발을 벗는 문화가 유행처럼 확산되고 있는데요. 미국과 유럽 등에서도 과거에는 손님이 집을 찾아왔을 때는 신발을 벗는 문화를 한시적으로 적용하는 방식이 존재했으니, 결국 전 세계의 문화가 신발을 벗는 것으로 통일될 수도 있겠습니다.

왜 한국인은 전세라는 제도를 사용할까?

전세 제도는 한국만의 독특한 주거문화로, 전 세계 어디에서도 유례를 찾아볼 수 없습니다. 더 정확하게는 남미의 몇 나라에도 전세 자체는 존재하지만, 그 제도가 일상적으로 쓰이는 나라를 꼽으라면 한국이 유일한 것이지요.

전세는 한자로 '傳貰'라고 씁니다. '네가 여기 전세 냈냐?'라고 할 때나 '전세버스'에서 쓰는 '專貰'와는 다르죠. '專'은 '오로지'라는 뜻으로 여기서의 전세란 독점적이고 배타적으로 어떤 물건이나 공간을 점유함을 뜻합니다. 반면 '傳'은 빌려준다는 의미이지요.

전세란 전세금을 지급하고 타인의 부동산을 점유하고 그 부동산의 용도에 맞춰 사용하는 것을 의미합니다. 전세권자는 그 부동산 전부에 대해 후 순위 권리자 기타 채권자보다 전세금을 우선 변제를 받을 수 있는 권리(민법 제303조)를 갖게 됩니다. 집을 빌리는 사람이 집값의 50~80%를 집주인에게 빌려주고, 계약기간 동안 그 집에서 살 권리를 얻으며, 계약기간이 끝나면 빌려준 돈을 그대로 돌려받고 나가게 되는 것이죠. 부동산 임대료, 흔히 월세를 따로 내지 않는다는 점에서 전세란 한국에만 존재하는 특이한 제도가 되는 것입니다. 한국법에서는 이에 발맞추어 일반 채권자(집주인에게 돈을 빌려준 사람)보다 일정한 요건을 갖춘 전세인이 부동산을 가지고 우선적으로 돈을 돌려받을 수 있도록 하고 있습니다.

그렇다면 전세는 어떤 이유에서, 어떤 배경 아래 생겨났을까요? 외국인들이 전세 제도에 대해 처음 들으면 월세를 지불하지 않아도 되니, 세입자에게만 유리하고 집주인에게는 손해만 되는 제도인데 어떻게 유지될 수 있느냐며 신기해하기도 합니다. 하지만 전세는 임차인이 주택 소유자에게 무이자로 목돈을 계약기간 동안 빌려주는 것이 포인트입니다. 집주인은 임대료는 받지 못하지만, 부동산을 담보로 별도의 이자와 은행의 심사 없이 목돈을 마련할 수 있다는 큰 장점을 확보하지요. 임차인은 월세를 내지 않는 것처럼 보이지만, 실제로는 빌려준 돈의 이자 상당액은 받지 않는 셈이니, 그것으로 임대료를 갈음한다고 보면 되겠습니다. 그리고 만약 집주인이 전세금으로 받은 돈을 이런저런 이유로 다 날려버린 경우, 세입자는 돈을 돌려받지 못할 위험에 처하게 됩니다.

이것은 민간에서 만들어낸 일종의 사금융제도로 요약할 수 있겠습니다. 즉 집을 담보로 한 개인 간의 대출시스템인 셈이죠. 외국인들에게는 한없이 기이하기 이를 데 없는 이 제도는, 목돈을 마련하려는 집주인들의 의사가 반영된 일종의 편법성 대출입니다. 목돈을 투자 등으로 날려버린 집주인들은 세입자가 퇴거를 요청해도 돌려줄 돈(보증금, 전세금)이 없게 됩니다. 그리고 만약 집주인이 자신의 집을 따로 은행 등에 담보를 잡혔을 경우, 최근 뉴스에 빈번하게 등장하는 것처럼, 집은 법원경매로 넘어가 버려 세입자는 날벼

락을 맞게 되는 것이지요.

전세 제도의 연원을 거슬러 올라가면, 조선시대까지 닿게 됩니다. 가사전당家舍典當 제도라고 해서, 세입자가 집주인에게 목돈을 빌려주고 집을 빌리는 오늘날의 전세 제도와 거의 똑같은 방식이 유행했다고 합니다. 원래 이 제도는 빚에 대한 담보로 논과 밭을 거는 '전당典當'에서 집으로 확장되었다는데요. 이에 대해 퇴계 이황 선생이 정리한 기록이 아직 남아있다고 합니다. 현대 전세 제도의 시작은 1876년 강화도 조약이 계기로 조성된 일본인 거주지에서 임차인이 집주인에게 보증금을 주고 전세를 살던 것부터라는 것이 정설입니다. 하지만 전세 제도의 본격적인 확산은 1970년대부터였습니다. 급격한 산업화의 과정에서 일자리를 찾아서 농촌 인구들은 대거 대도시에 몰렸고, 주택 수요가 급증했습니다. 주택 가격이 당연히 치솟았는데요. 그럼에도 당시에는 대출금리가 높았고, 금융 시스템도 지금에 비하면 아주 미비한 상황이라, 일반인들에게 은행 대출이란 꿈도 꾸기 어려운 것이었습니다. 그나마 은행이 보유한 돈은 국가 정책상 수출기업으로 모두 빠져나가는 상황이었고요. 그래서 대기업에 다니는 직장인이나, 공무원이 아니라면 주택 소유자라 하더라도 제도권 대출은 매우 힘들었는데요. 집을 소유한 임대인은 임차인으로부터 받는 월세나 사글세로는 목돈을 마련하는 데 한계를 느끼게 됩니다. 여기서 찾은 탈출구가 집을 이용한 전

세 제도라는 사금융이었던 것이지요.

여기서 전세 보증금이 이자를 내지 않는 은행 대출 역할을 한 것입니다. 당시 고도성장기였던 한국에서는 전세금을 은행에만 넣어놔도 은행 이자가 10% 이상 붙는 손쉬운 재테크가 가능했습니다. 심지어 IMF 이전까지 은행 이자에는 세금도 붙지 않았거든요. 세입자들 가운데에서도 집을 떠나 대도시로 올라올 때 부동산을 판 돈으로 올라왔던 터라, 그걸로 집을 사기에는 부담이 크고, 그렇다고 월세를 내자니 월세는 비싸고, 하여 전세로 사는 것이 생활에 부담이 덜하다고 생각하는 사람이 많았고 말이죠. 이처럼 대한민국에서 전세는 정부에서 정책적으로 도입한 것이 아니라, 집주인과 세입자 사이의 이해가 맞아떨어지면서 자생적으로 발전하게 되었습니다.

보증금을 통한 사금융으로 요약할 수 있는 전세 제도가 외국인들에게 특이하게 보이는 이유는 그 말고도 여럿 있는데요. 예컨대 중대한 수리가 필요한 문제가 아니면 주택의 유지관리보수비용을 집주인이 아닌 세입자가 부담한다는 것입니다. 어차피 내 것이 아니고 전세 기간이 끝나면 그것을 가져갈 수 있는 것도 아닌데, 내가 사는 동안에는 내가 고치고 관리해야 한다는 것을 이해할 수 없다고들 합니다.

물론 외국인들 입장으로 가장 이해하기 어려운 것은 집주인을 어떻게 믿고 그 큰돈을 빌려주느냐는 것이 되겠습니다. 앞서 언급한 바와 같이, 전세 계약기간이 끝나고 보증금을 세입자에게 돌려주지 못하게 되는 갖가지 상황들이 발생하게 되는데요. 특히 전세를 통한 이익추구가 극에 달한 결과인 일명 '빌라왕'의 '집단 전세 사기'라는 사태는 대한민국에서 중요 사회문제로까지 대두되고 있습니다. 이미 집이 있는 사람들이 집을 생활의 공간이 아니라 재테크의 수단으로 생각하기 시작한 것이 문제인데요. 유사시에 다른 사람을 희생해서라도 내 경제적 이익을 극대화하겠다는 욕망, '나만 아니면 돼'라는 심리가 사회적 비극을 낳게 된 것입니다. 이익만을 추구하고, 안전 시스템은 경시해온 대한민국 사회의 단면인 셈이지요.

왜 한국인은 '내'가 아니라 '우리'라고 지칭할까?

3장 | 쉽게 변하지 않는 것들

한국어를 막 공부하기 시작한 외국인들을 혼란에 빠뜨리는 단어가 있습니다. 바로 '우리'라는 말인데요. 한국인에게 사용되는 주어로서의 '우리'는 그야말로 한국의 민족성과 특징을 아주 잘 드러냅니다. 자신을 지칭하는 용어는 말하는 이의 자의식을 반영하고 있을 뿐만 아니라, 자신과 타자를 구분하려는 심리적 기제 역시 내포하고 있습니다.

한국인은 '내 집'이라고 하지 않고 '우리 집'이라고 하고, '내 가족'이라고 하지 않고 '우리 가족'이라고 합니다. 한국인은 너무도 자연스럽게 '나의 남편'이라고 하거나 '나의 아내'라고 하지 않고, '우리 남편', '우리 마누라'라고 합니다. 잘 모르는 외국인들은 '남편이나 부인을 공유하는 민족인가?'라며 기함할 대목이지요. '내 나라 내 조국'이 아닌, '우리나라 대한민국'이 입에 붙어버린 것도 그렇고요. 그렇다면 한국인들은 왜 '나'라는 호칭을 사용하지 않고 '우리'라는 호칭을 사용할까요?

우리말 중에서 친족을 호칭하는 말 중에는, 같은 서열에 놓인 사람들 간의 구별이 불명확한 경우가 많습니다. 큰어머니, 작은어머니, 친어머니가 그 대표적인 경우라 할 수 있는데요. 그렇게 애매하게 호칭하는 경우가 생기게 된 이유는, 아마도 우리 조상 때부터 친족집단을 이루며 오래도록 공동생활을 하였다는 역사에서 그 근거를 찾을 수 있을 듯합니다.

아주 오랜 옛날, 한반도에 살았던 사람들의 농경은 독립된 자기 소유의 경작 형태가 아니었습니다. 농경 생활이 어느 정도 정착했던 시점에서도, 지금도 시골에 남아있는 농경사회의 노동 특성과 마찬가지로, 공동작업의 형태가 주를 이루었습니다. 처음 한국인들이 농경을 시작했을 때는 화전火田의 방식이었을 것으로 추정됩니다만, 이 역시 공동 농경의 형식을 띠었고, 주거의 형태도 당연히 공동의 형태를 취했으며 식생활도 재료 채취에서부터 조리, 식사에 이르기까지 집합적 생활을 영위했을 것이라고 추정합니다. 이 말은 곧 모든 농기구를 비롯한 사냥 도구, 무기에서 생활에 필요한 가재도구까지 집단의 소유였을 가능성이 높다는 의미도 됩니다. 의식주 자체를 모두 공유하는 공동생활은 인간관계에도 당연히 영향을 미칠 수밖에 없었겠습니다. 그래서 자연스럽게 '나의 것'보다는 '우리의 것'이란 언어 습성이 정착되었다고 유추할 수 있는 것이죠. 한반도에서 친족이나 동족집단이 부족의 형태로 확대되어도, 시간이 흘러 삼한시대를 거쳐 삼국시대에 가서 뚜렷한 국가의 형태가 형성되어 동일 혈족으로서 친밀한 공동체 생활을 지속해 나갔기 때문에 우리 의식은 그대로 오래도록 지속한 역사적 경험을 겪었다고 역사학이나 문화인류학에서는 설명합니다.

현대화된 이후에도 농기구를 마을에서 공동으로 사용한다든가 농사에 필요한 대규모 작업을 모든 마을 사람들이 모여서 함께 하는 형태가 농촌에서 지속되었던 것을 감안해 본다면 과거에는 '우리의 것'이 더 자연스러웠을 것이라고 추론하기 어렵지 않지요. 같은 성씨를 가진 집성촌이나 특정 가문들이 모여서 마을을 이루는 형태가 짧지 않은 시기 존속되었던 점 역시 이를 뒷받침합니다.

한국인의 '우리' 개념이 기이하기 그지없는 외국인들에게 설명할 때, 한국의 독특한 공간문화를 이야기하곤 합니다. 예컨대, 방은 나 혼자서 독점하는 것이 아니라 모두가 함께 사용하는 공간이었기 때문에 '내' 방이란 존재하지 않고 '우리' 방만이 존재하는 것이죠. '사랑방'이라는 형태로 그 집에 사는 사람이 아님에도 자연스럽게 그 방에 드나들 수 있었던 것을 생각해 보면 그 성질이 좀 더 명확하게 이해될 겁니다.

한국의 '마당'이라는 개념으로도 설명할 수 있습니다. 한국의 대표적인 건축양식인 한옥의 일부라고 할 수 있는 '마당'은 서양의 정원과는 명백하게 다른 공간입니다. 대문이 있는 대갓집은 물론이거니와 싸리울타리로 집을 두른 작은 초가집에도 '마당'은 있었습니다. 내 집의 '마당'이라도 '나' 한 사람의 공간이라고 지칭할 수 없었습니다. 그곳은 마을 사람들이 모이고 그곳에서 잔치를 하고 그곳에서 혼례를 올리면서 사람들이 모이는 '우리'의 공간이었습니다. '마당'이라는 단어가 다양한 의미로 사용되면서도 그 안에는 항상 개인의 개념이 아닌 공동의 개념인 '우리'가 포함되어 있습니다. 이처럼 한국인의 생활공간에서 '우리'란 단순한 언어 습관 정도나 어설픈 집단주의 따위로 설명할 수 없는 것입니다.

한편 서양의 침대문화가 유입된 다음에는, 어떤 한국인도 '우리' 침대라는 표현을 사용하지 않습니다. 침대는 '내' 것이지, '우리' 것으로 공유하지 않기 때문입니다. 한옥의 형태에서 가족 여럿이 혹은 부부가 항상 함께 자고 먹고 생활하기 때문에 지칭했던 '우리 방'과는 구분되죠.

앞서 '어설픈' 집단주의를 통해, '우리'를 설명할 수 없다고 지적한 바 있는데요. 간단히 가까운 일본인들과 비교하게 되더라도 그들의 집단주의가 갖는 특성과 한국인의 집단주의는 그 맥을 함께 하지 않는다는 사실을 일반인들조차 쉽게 발견할 수 있습니다.

그럼에도 불구하고 그런 착각이 흔하게 발생하는 이유는 한국인들의 혼자서 책임지지 않으려는 태도 때문일 것입니다. '나는 ~을 할 거야'라는 표현 대신에 '우리 ~를 하자'라고 하는 것이 대표적인데요. 자신의 의견을 확고하게 표방하고 행동이 한국인들에게는 어색한 것입니다. 그래서 '우리 ~ 먹으러 갈까?'라고 말하는 것은 혼자서 무언가를 하지 않고, 혼자서 무언가를 독단적으로 결정 내리고 자신만 혼자 행동하지 않는 문화적 특성이 무의식중에 묻어 나온 것이라 하겠습니다.

왜 한국인은 생일에 꼭 미역국을 먹을까?

한국인이 생일날 미역국을 먹는 것 역시 외국인들에게는 신기하게 보일 수밖에 없는 전통입니다. 특히나 국 문화가 발달하지 않은 지역에서 온 외국인들의 입장으로는 식감이 미끈거리고 비릿한 내음이 물씬 풍기는 미역으로 끓인 국은 도전하기조차 꺼려지는 그 무엇입니다.

다른 동양 문화권에서도 생일날에는 특별한 음식을 먹습니다. 특별한 날의 특별한 음식에는 각지의 토속적 정서가 담겨있지요. 생일날의 미역국 역시, 한국의 토속적 정서를 바탕으로 하고 있지만, 조상님들의 과학적 경험 역시 고스란히 투영되어 있습니다.

중국에서는 생일날에 국수를 먹습니다. 국수의 면발처럼 길게 장수하라는 의미를 담고 있는데, 생일에 먹는 특별히 긴 면발의 국수를 '장수면'이라고 칭합니다. 이 전통은 당나라 무렵부터 생긴 것으로, 지금은 너무도 흔한 밀가루 국수가 당시에는 최고급 음식이었다고 합니다. 일본에서 새해에 먹는 '해넘이 국수'에도 장수를 기원하는 의미가 그대로 전용된 것을 보면 흥미롭지요. 한편 일본에서는 생일에 팥밥을 먹습니다. 한국에서 동지 팥죽을 먹었던 것처럼, 팥의 붉은색이 안 좋은 귀신을 물리치고 액땜을 한다고 믿고 있지요.

물론 서양에도 생일날 먹는 특별한 음식이 없는 것은 아니죠. 전 세계적으로 유행하는 생일 케이크, 지금 한국에서도 너무도 당연하게 생일 파티에 등장하는 이것은 서양에서 유래한 것입니다. 이 케이크는 고대 그리스에서 달의 여신 아르테미스에게 바치는 음식에서 유래되었다고 알려져 있습니다. 출산과 다산, 그리고 번영을 주관하는 여신이던 아르테미스는 아이들을 지키는 수호신의 역할을 하기도 했는데요. 신자들은 자신의 아이를 지켜달라고 기존의 주식이던 빵과는 다르게 밀과 꿀, 그리고 과일 등의 재료들을 담아 만들어 제사음식으로 사용했고, 이것이 케이크의 유래가 된 것입니다.

혹시, 왜 미역국 얘기하다가 쓸데없는 잡학으로 빠지냐고 혀를 차고 계셨나요? 눈치채신 분들도 계시겠지만, 생일날 먹는 음식들을 가만히 살펴보면, 어떤 공통점이 있다는 사실을 발견할 수 있습니다. 실제로 밀가루나 팥, 꿀, 과일 등은 당시 기준으로는 영양가가 높은 음식입니다. 생일을 맞은 사람에게, 아프지 않고 무병장수하기를 바라는 마음이 담긴 보양성 음식들을 준다는 점이 바로 공통점입니다.

생일날 먹는 미역국은 자신을 낳아주신 어머니의 은혜를 다시금 되새기자는 의미에서 유래되었다고 합니다. 이것은 아이를 낳았을 때 어머니들이 먹었던 음식이라는 점에서 출발합니다. 요즘같이 의학기술이 많이 발달하지 않은 과거에도 출산 직후 산모가 다량의 출혈을 한 것에 대한 보충이 필요했습니다. 출혈로 빠진 에너지를 보충하고, 영양을 보충해야 한다는 의미에서 미역국을 주식으로 산후조리 내내 미역국을 먹었습니다. 이것은 현대의 산후조리원에서도 그대로 메뉴에 반영하고 있지요.

　　미역에는 칼슘과 요오드가 많이 들어있어 성장기의 어린이들에게는 물론이거니와 산모에게도 아주 좋은 식재료로 과학적 증명이 이미 되어있습니다. 특히, 기운이 없고 입맛이 없는 산모에게는 한국의 국 문화를 베이스로, 밥을 말아서 죽처럼 술술 떠먹을 수 있도록 하는 미역국이 최적이었던 것이지요. 미역의 칼슘과 요오드는 출산으로 인해 연약해진 산모의 뼈를 튼튼하게 회복해 주고, 피를 맑게 하는 역할을 합니다. 건강을 빨리 되찾아 아이에게 젖을 물려야 하는 엄마를 도와주는데 미역국은 아주 중요한 음식이었던 것입니다.

　　조선 순조 때의 학자였던 이규경의 『오주연문장전산고五洲衍文長箋散稿』라는 책에 담긴 한 이야기를 살펴보면, 고래가 새끼를 낳으면 반드시 미역밭을 찾아가 미역을 뜯어 먹는데, 고래의 오장육부 안에 있던 나쁜 피들이 정화되어 물로 바뀌었다는 걸 보고서, 산모에게 미역을 먹이기 시작했다는 전설을 소개합니다. 그만큼 산모가 출산 직후 미역국을 먹었다는 사실에 대한 유래는 오래되었지요.

　　공식적인 기록에도 고려시대 때부터 이미 아이를 낳은 산모가 반드시 미역국을 먹었다는 기록을 찾아볼 수 있습니다. 12세기 송나라 사신이 쓴 『고려도경高麗圖經』에도, '고려 사람은 신분의 높고 낮음을 떠나 모두 미역을 잘 먹는다'라고 기록했고, 당나라 역사를 기록한 『당서唐書』에도, '미역은 발해의 함흥 앞바다에서 생산되는데 맛이 뛰어나다'라고 했을 정도로 유명했다고 합니다. 조선의 실학자였던 이익은 『성호사설星湖僿說』에서 '미역국은 임산부한테는 신선의 약만큼이나 좋은 음식'이라고 설명한 바 있을 정도이니 이미 일반적인 상식으로 모두에게 알려져있던 사실임에는 틀림없었던 듯합니다.

옛날 산모들이 아이를 낳았다고 바로 미역국을 먹을 수 있었던 건 아닙니다. 산모의 머리맡에다 흰쌀밥과 미역국, 그리고 정한수 한 그릇으로 삼신상을 차리고 난 후에야 산모가 비로소 국을 한술 뜰 수 있었습니다. 이것을 '첫국밥'이라고 하는데요. 이는 아이를 점지해 준 삼신할머니에게 출산에 대한 감사와 아이와 산모의 건강을 비는 두 가지 의미가 있었다고 합니다. 그렇게 아이를 낳고 3일이 지나면 또 미역국과 쌀밥을 차려놓고 삼신할머니에게 빌었고, 출산 후 삼칠일, 즉, 21일째 되는 날에도 삼신상을 차려놓고 아기의 무병장수를 기도했으니 영아 사망률이 높았던 옛날, 고비를 넘길 때마다 미역국으로 삼신할머께 치성을 드렸던 것입니다. 그리고 열 살이 되기 전까지는 베주머니로 삼신주머니三神囊를 만들어 쌀을 채워놓고 벽에 걸어두는 풍속이 있었으니 삼신할머니가 아이를 점지해 줄 뿐만 아니라 아이를 보호하는 신이었기 때문입니다. 서양의 아르테미스에게 케이크를 바친 것과의 싱크로율이 얼마나 높은지 보이시나요?

삼신할미라고 하면 보통 무당을 연상하지만, 고대 신앙에서 삼신할머니는 삶과 죽음을 주관하는 여신이었습니다. 때문에 조선의 대학자 다산 정약용은, '아이가 태어나면 흰쌀밥과 미역국으로 삼신할머니에게 제사를 지내는 것이 우리 민족의 전통'이라고 했던 것입니다.

이처럼 생일날의 미역국이란 여러 의미가 있습니다. 나를 낳아주신 그날의 어머니가 겪은 고통과 고생에 대한 은혜를 생각하는 것, 생명의 신에게 이제까지 건강하고 무탈하게 자신을 지켜준 것에 대한 감사를 드리는 것, 그리고 앞으로의 무병장수의 소원을 비는 것입니다. 아주 뜻깊은 음식이지요.

왜 한국인은 설날에 떡국을 먹을까?

한국에서는 '민족의 대명절'이라고 해서 설과 추석을 가장 대중적인 명절로 칩니다. 실제로 연휴 기간도 그 두 명절이 가장 긴 편입니다.

음식문화는 참 여러 가지로 복합적인 한국인만의 정서를 담고 있습니다. 한국인들에게는 너무도 당연하지만, 외국인들에게는 생소하며, 지금의 한국인들조차 그 전통의 정확한 근거나 이유를 설명할 수 없는 것이 음식문화이지요.

설날에 먹는 떡국은 아주 대표적인 설음식 중 하나일 것입니다. 음력설을 왜 지내는지조차 알지 못하는 세대가 더 많아진 것이 요즘 시대의 흐름입니다. 중국에서는 마치 설이 중국만의 고유한 문화인 것처럼 설명하는데요. 거기서 더 나아가 자신들이 '춘절春節'이라고 부르는 음력설을 영어로 당당하게 'Chinese New Year'라고 고유명사화하려다가 한국에게 딴지가 걸려, '음력설 Lunar New Year'이라는 명칭을 사용하게 되는 해프닝이 일전에 UN에서 있었습니다. UN에서 '음력설'이 중국의 것만이 아닌, 동양 모두의 전통문화라는 사실이 공인받은 것이지요.

조선 후기에 편찬된 『동국세시기』나 『열양세시기洌陽歲時記』 등 우리나라의 세시풍속을 기록한 문헌들을 살펴보면, 이미 그 당시에도 차례와 세찬(새해에 세배하러 온 분들을 대접하는 음식)에 없어서는 안 될 음식으로 떡국이 기록되어 있습니다. 생각보다 오래

전부터 설날을 기념하는 음식으로 떡국을 만들어 먹었다는 사실을 확인할 수 있는데요. 최남선崔南善도 『조선상식朝鮮常識』이라는 책에서 떡국을 먹는 식문화에 대해 언급하면서, '매우 오래된 풍속으로 상고시대의 신년축제 시에 먹던 음복적飮福的 성격에서 유래된 것'이라고 한 바 있습니다. 문헌에서 설명한 내용을 풀이해 보자면 이렇습니다. 설날은 음력이 시작되는 첫날, 즉, 천지만물이 새로 시작되는 날로, 엄숙하고 청결해야 한다는 원시종교적 사상이 음식에도 반영되면서, 한반도에서는 깨끗한 흰 떡으로 끓인 떡국을 먹게 되었다고 보는 것이지요.

떡국을 한자로는 '첨세병添歲餠'이라고도 부르기도 하는데요. 이는 '나이를 더해주는 음식'이라는 뜻입니다. '떡국을 먹으면 한 살 더 먹는다'라고 했던 표현이 예전부터 통용되었다는 증거입니다.

떡국에 들어가는 떡은 실제로는 가래떡을 가지런히 썰어서 만든 것으로 그 기본은 가래떡에서 출발합니다. 긴 가래떡처럼 오래 살기를 바라는 소망이 담겨있지요. 그렇다면 왜 가래떡을 그대로 끓이지 않고 가지런히 잘랐을까요? 새해에 재물운이 지금보다 훨씬 더 늘어나길 바라는 마음을 담아 가래떡을 동그란 동전 모양으로 잘라먹었다고 전합니다. 늘어난 동전 같은 떡국떡의 수만큼이나 돈이 불어나길 바라는 마음이죠. 물론 가래떡을 그대로 끓여 먹자면 먹기도 불편하고 목도 막힙니다. 한입에 넣기 좋고 씹기 좋은 형태로 만든 것에서 선조들의 합리성도 엿볼 수 있습니다.

떡국의 베이스가 되는 탕은 하얗고 맑은 탕이 기본이지요. 『동국세시기東國歲時記』에는 떡국을 '백탕' 혹은 '병탕'이라 적고 있는데, 겉모양이 희다고 하여 '백탕', 떡을 넣고 끓인 탕이라 하여 '병탕'이라 했다고 전해집니다. 떡국을 끓일 때는 양지머리를 푹 고아서 기름기를 걷어낸 육수 또는 쇠고기를 썰어서 끓인 맑은장국이 쓰이는데요. 쇠고기가 널리 보급되기 이전에는 꿩고기를 다져서 끓인 맑은장국이 많이 쓰였다고 합니다.

위에 설명한 것은 서울 기준의 소고기 떡국인데요. 그리 크지도 않은 한국 땅이지만, 지역마다 떡국이 조금씩 지역 특색을 담아 저마다 다른 형태를 가지고 있다는 것도 알고 계셨나요? 충청도의 떡국은 멥쌀가루를 끓는 물로 반죽해 만든 떡으로 끓이고 여기에 미역과 들깨즙을 넣기도 합니다. 강원도의 떡국은 떡에 보리나 잡곡을 섞거나 만두를 넣어 끓이기도 하는데, 주머니처럼 생긴 만두가 복을 가져다준다는 의미를 담고 있기도 합니다. 전라도에서는 '닭장 떡국'이라고 해 '간장에 조린 닭고기로 육수를 낸 떡국'을 먹기도 했습니다. 전라도 음식의 특유성을 담아 시원하고 감칠맛 좋은 국물 맛이 매력이랍니다. 경상도에서는 '꾸미 떡국'이라고 해서, 두부와 소고기를 볶은 꾸미를 넣은 떡국이 있는데, 멸치 육수에 떡국을 넣어 끓인 뒤 꾸미를 고명으로 사용합니다. 저 남쪽의 제주도 역시 자기 지역만의 떡국으로 '몸 떡국'을 먹었습니다. 겨울철 별미 해초인 몸(모자반)으로 만든 떡국인데요, 돼지등뼈를 우린 육수에 몸, 떡, 메밀가루를 넣어 만든다고 합니다.

음력설이든 양력설이든 한 해를 시작하는 첫날을 모든 인류는 시작의 의미를 담아 새로운 시작이 즐겁고 행복하기를 바랐고, 새로운 한 해에 대한 희망을 소망으로 담아 음식에 반영했습니다. 한국인들 역시 떡국이라는 형태로 그 소망을 담았고, 그 문화는 의미를 정확하게 알지 못하는 현대인들에게도 그대로 여전히 이어져 오고 있습니다. 모든 전통적인 의미를 기억하고 따르고 살릴 수는 없을지라도, 유튜브를 보며 의미 없이 키득거릴 시간에 우리가 먹고 행하는 전통이 어떤 의미를 지니지 한번쯤 찾아 되새기는 의미 있는 시간을 갖는 것도 나쁘지는 않을 듯합니다.

한국인들이 전통을 공부하고 되살리지 않는 것 같으면서도 아직도 설날 떡국을 먹고, 웃어른들을 찾아 세배를 드리고 한복을 입는 것은 단순히 전통복 코스프레를 하기 위함만이 아니라는 것을, 한국을 더 알고 싶어 하는 이들에게 알 수 있도록 해주는 것도 필요한 일이 아닐까 생각해봅니다.

왜 한국인은 왜 암내가 나지 않을까?

유튜브에 보면, 외국인들이 한국인에 대해서 자신들이 생각할 때 이상한 점이나 궁금한 점 등을 콘텐츠로 삼는 영상들이 요즘 들어 눈에 띄게 많아졌음을 확인하게 됩니다. 이 영상들 중에서도, 한국인들은 특별히 데오도란트를 사용하지 않는데도 불구하고 왜 암내가 나지 않는지 궁금하다며 신기해하는 내용의 영상을 심심치 않게 접하곤 합니다.

불특정 다수의 외국인이 자신들의 궁금함을 그렇게 다양하게 올린 것을 보면, 정말로 그들의 입장으로는 한국인에게서 암내가 거의 느껴지지 않는다고 느끼는 것이 사실인가 봅니다. 물론 한국인의 입장으로 버스나 지하철을 탔을 때 손잡이를 버젓이 잡고 있는 사람의 곁에서 느껴지는 그 냄새와는 무관하게 말이지요.

암내는, '액취腋臭'라고 하여, 겨드랑이에 발생하는 악취를 말합니다. 통상의 땀샘을 에크린샘이라고 하는데요. 사람에게는 겨드랑이, 사타구니 등에 아포크린샘이라 불리는 특수한 땀샘이 분포합니다. 여성에 한정하면 유두에, 남성의 경우도 겨드랑이, 서혜부, 수염이 나는 부위에 아포크린샘이 분포하고 있습니다. 이 땀샘에서는 지방산과 암모니아가 함유된 땀이 분비되며, 처음 배출될 때에는 여느 땀 냄새와 크게 다르지 않지만, 지방산이 유기물질에 해당하는지라 곧 세균에 의한 분해가 발생합니다. 참고로, 2020년 모 연구에서 암내를 일으키는 이 세균의 정체가 밝혀져 '스타파일로 코쿠스 호미니스'라는 이름으로 명명된 바 있습니다. 이 세균으로 인해 지방산이 특유의 악취로 변질되면서 이른바 양파가 썩어들어가는 듯한 냄새를 내는 것입니다.

원래 사람의 체향(몸 냄새)은 16번 염색체에 위치하는 유전자인 ABCC11과 관계하고 있고, 이 유전자는 G타입과 A타입으로 나뉩니다. G타입 유전자를 많이 가지고 있는 사람들의 특징은 귀지가 젖은 형태로 나올 정도이고, 아포크린땀샘이 많아 몸에서 나는 냄새가 강합니다. 반면에 A타입의 유전자를 많이 가진 사람들의 특징은 마른 귀지와 함께 아포크린땀샘이 적어 냄새가 거의 나지 않습니다.

앞서 설명한 바와 같이, 젖은 귀지가 나오는 유형은 대립형질 allele 538G가, 마른 귀지가 나오는 유형은 대립형질 538A가 관여하는데 인종별로 두 유전자의 분포는 매우 다른 양상을 보입니다.

일반적으로는 흑인과 백인들은 G타입 유전자를 지니고 있고 아시아 사람들 대부분은 A타입의 유전자를 가지고 있고 아시아인 중에서도 한국인들은 일부 예외의 사람들을 제외하고는 거의 대다수가 이 유전자를 가지고 있어 한국인들에게 몸 냄새가 거의 나지 않는 것입니다(한 논문에 따르면 한국인의 샘플에서 538A의 발현은 무려 100%로 모든 국가 지역 중에서도 가장 높은 퍼센티지를 보여준다고 분석하고 있습니다만, 이 논문에서는 대구지역의 아주 지엽적인 샘플을 사용했기 때문에 100%라는 말을 전적으로 신뢰하기는 어렵습니다).

결론을 말하면 한국인들이 냄새가 나지 않는 이유는 그에 해당하는 유전자를 가지고 있지 않기 때문이라는 이야기입니다.

여기까지는 당연히 과학적으로 입증이 된 연구 결과를 토대로 설명한 것이고, 전술한 바와 같이 한국인들끼리 지내는 만원의 지하철과 버스에서 특히나 멀쩡하게 생긴 아가씨에게서 지독한 암내가 나는 것은 그녀가 외국인의 피를 감추고 있기 때문일까요? 물론 아니죠.

이러한 예외에 대해, 암내에 대한 또 다른 설명을 하는 견해들도 존재합니다. 암내가 환경, 그중에서도 먹는 음식과 관련이 있다는 설명이 바로 그것인데요. 한국인은 마늘이나 김치 냄새, 일본인은 와사비나 간장 냄새, 중국인은 묵은 기름 냄새, 인도인과 동남아인에게서는 향신료 냄새가 난다고들 하는 주장도 있습니다. 일부에선 북미인과 유럽인의 암내가 치즈 머스터드 냄새랑 비슷하다고도 합니다. 이 주장에 의하면 그들의 환경적인 요인, 특히 주식으로 무엇을 먹느냐에 따라 풍기는 암내의 특성도 상당한 다양하게 달라질 수 있다는 설명인데요, 실제로 한국에서 태어나 한국에서 자란 한국인임에도 해외에서 오래 생활하여 식생활이 완전히 바뀐 지 수년이 지난 사람들의 경우, 특히 성장기에 있는 청소년들의 경우는 바로 체향이 달라지는 것을 확인할 수 있습니다. 그러한 점에서 이런 환경론적 설명은 설득력을 갖습니다.

앞서 설명한 과학적인 근거를 통해서 아프리카인이나 유럽인들이 암내가 더 심하고, 남성에 비해 여성이 더 암내가 심하다는 통계자료는 있긴 하지만, 위에 설명한 무엇을 주로 먹느냐에 따라 달라지는 환경적인 영향 등 여러 가지 변수를 고려한다면, 결국 문화가 그들만의 독특한 향을 형성하는 것이 아닌가 하는 유추도 조심스럽게 해볼 수 있을 듯합니다.

각 나라를 대표하는 국제공항을 가보게 되면, 신기하게도 그 나라만의 독특한 향이 느껴지곤 합니다. 그것은 공항 실내보다도 그 공항을 막 벗어나 밖으로 나오는 출구에서 물씬 맡게 되는 향에서 느껴지는 것이기도 한데요. 특별한 방향제를 사용하는 것 때문이 아님에도 불구하고 집에서 맡아지는 향이 제각각 다른 것과 집마다 특유의 향이 있다는 것에서도 그 의문의 실마리는 찾아볼 수 있습니다.

유독 식사를 하고 양치를 하지 않아서가 아님에도 불구하고, 입 냄새가 풀풀 나는 것도 아닌데, 사람들은 자신과 다른 향에 굉장히 민감하게 반응하기 마련입니다. 그래서 서양인들이 인종차별적 발언으로 종종 한국인에게서 김치 냄새, 특히 마늘 냄새가 난다고 하는 것이 단순히 한국인들을 폄훼하기 위해 만들어낸 말은 아니라는 것이죠. 한국인들이 유럽 사람들에게서 강한 치즈 향이 난다고 느끼는 것이나 인도 사람들에게서 카레 냄새가 난다고 느끼는 것이 기분의 문제가 아닌 것처럼 말이죠.

액취는 맨 처음 설명했던 바와 같이, '땀 냄새'입니다. 땀은 당연히 그 사람이 먹고 섭취한 것들을 밖으로 배출해 낸 결과물이고요. 그렇다면 당연히 입력된 내용대로 아웃풋이 나오는 게 이상할 리가 없는 것이죠. 다양한 과학적인 설명들로 한국인들이 강한 암내를 내지 않는다는 것에 대한 설명을 감안한다 해도 한국인들에게는 한국인들만의 독특한 향이 있다는 사실을 부정할 수는 없을 것이라는 이야기입니다.

집을 떠난 지 오래된 여행에서 돌아와 익숙하게 문을 열고 짐들을 풀어놓으면서 밖에서 맡지 못했던 향을 맡고서, 그것이 자신이 살고 있는 곳의 향임을 느끼는 아주 짧은 순간이 있습니다. 그 내음만으로도 사람들은 집에 돌아왔음을, 그리고 자신이 가장 편한 곳으로 회귀했음을 확인하고 이내 마음이 평온해집니다. 그것이 오감 중에서 후각이 갖는 공감각적인 초능력이라고 할 수 있겠지요.

고향을 그리워하는 마음을 뜻하는 '향수鄕愁'라는 단어가 몸에 뿌려서 좋은 향을 나게 하는 화장품의 의미로 사용되는 '향수香水'라는 단어로 독음이 같은 것은 우연만은 아니라는 생각을 갖게 합니다. 물론 이건 한국어에만 해당하는 이야기가 아닙니다. 여러분이 각자 할 수 있는 언어로 두 가지를 찾아보게 되면, 그 두 가

지의 메타포가 그 나라의 시어詩語에서 혼용되고 있음을 쉽게 확인
하실 수 있을 겁니다.

왜

한국
인은

음력
을

포기하지

않을

까

?

요즘은 많이 줄어들었다고들 하지만, 5, 60대 한국인들에게 생일을 물어보면, 음력 생일을 답하는 경우가 많았습니다. 달력하면 오직 태양력(그레고리우스력)만 생각하는 외국인들에게는 그야말로 생소한 음력인데요. 음력의 힘은 쇠퇴하고 있긴 하지만, 아직까지 실생활에서 사용되고 있습니다. 요즘 젊은 세대들은 너무도 당연하게 양력 생일을 쓰긴 하지만, 여전히 점집에 점을 보러 가서 사주를 말할 때면 만세력으로 환산한 음력 생일을 따지게 되죠. 물론 말하는 당사자들은 음력 생일을 모르고, 신세대 점쟁이도 그것을 몰라 만세력 어플을 사용할지라도 말이죠. 그리고 무엇보다, 대한민국에서 사람들이 가장 많이 움직인다는 민족의 대명절 설과 추석은, 모두 정월 초하루와 한가위를 의미하는 음력 날짜로 지냅니다.

한국인이라면 누구나 알고 있는 것처럼, 음력은 농경사회에서 가장 기반이 되는 생활 기준이었습니다. 달은 매달 형태가 변하는 모습이 직관적이기 때문에 일반인들도 음력 날짜를 헤아리기가 쉽습니다. 그리고 보름과 그믐에는 밀물과 썰물의 차가 커지기 때문에 농사 및 어업에 활용하기도 유용했습니다. 달의 인력 변화는 우리가 체감하는 것보다 훨씬 강력해서, 조수간만의 차이뿐 아니라 인간을 비롯한 고등 포유류에게 생리현상이 29~30일 간격으로 나타나게 하는 '월경月經'의 원인이 되기도 합니다.

이후, 중국의 한漢 나라 때, 로마제국의 태양력이라는 과학지식이 전해지게 되면서 그에 자극받은 중국은 19년마다 7번의 윤달을 포함한 역법을 확정합니다. 여기에서는 기존 음력에서 불일치하던 부분이 개선되어 이른바 '태음태양력'이라는 시스템이 새로 만들어지지요. 그리고 6세기에는 태양력의 장점을 더한 24절기를 만들게 됩니다. 즉, 입춘, 춘분 등 24절기는 엄밀하게 말하자면 음력기준이 아닌 365일을 원래 보름씩 쪼개어 표시하던, 양력의 절기입니다.

본래 오리지널 음력에서는 새해의 첫날이 지금과 달리 정월 대보름이었습니다. 음력의 변화에 따라 기준점이 초승달로 바뀌게 되면서, 새해의 첫날을 다시 지정하게 된 것이 동양의 설날, 정월 초하루의 연원입니다. 재미있는 사실은 정작 서양에서 양력을 최초로 개발하여 로마에 가르쳐준 이집트에서는 오히려 이슬람에 정복되고 나서 음력을 사용하고 있다는 사실입니다. 그들이 사용하는 음력은 현재 우리가 사용하는 전술했던 '태음태양력'과는 다른 이슬람 음력입니다(참고로 이슬람인들이 굳이 오차가 그렇게 심한 음력을 고집하며 사용하는 이유는 무함마드가 이슬람을 창시하던 당시 유대인들이 윤달을 활용하여 보완된 태음태양력을 사용하고 있었기 때문에 그에 반발하는 의미로 아예 윤달사용을 금했기 때문이라는 설명이 있습니다).

그렇다면 왜 우리는 지금 양력을 쓰고 있을까요?

이 질문은 크게 두 가지 원인 때문이라고 설명할 수 있는데요. 하나는 단순하기 때문이고, 다른 한 가지 이유는 앞의 이유로 인해 생긴 보편성이 확대되었기 때문입니다. 현재 단순히 음력이라고 부르는 '완성형 태음태양력'은 이름 그대로 태양과 달의 움직임을 모두 계산하였기 때문에 운용하기 복잡하고 어렵습니다. 큰 달과 작은 달을 구분해야 하고, 24절기와 달의 움직임에 따라 윤달도 미리 계산해서 달력을 만들어야 합니다. 때문에 천문학자들이 태양과 달의 움직임을 계속해서 관측하면서 계산을 통해 미리 해와 달의 움직임을 예측해야만 음력 달력을 만들어낼 수 있습니다. 천문학자나 달력 전문가가 아닌 일반인들은 내년 달력이 어떻게 될지 짐작조차 하기 어려운 것이죠. 그래서 단순한 쪽이 대중적인 이유만으로 현재의 양력은 보편기준으로 자리 잡게 된 것입니다.

　　일제 강점기에 일본은 보편적인 양력을 강요하면서 한국의 고유문화를 없애겠다며 음력설을 쇠는 것조차 강제로 못 하게 한 바 있습니다. 대한제국 시대부터 한국에 온 수많은 일본인들과 그를 따르는 이들은 양력설을 쇠었기 때문에, 음력설을 쇠는 것이 일종의 저항이고 독립운동으로까지 확대 해석되던 시기도 있었습니다.

　　이승만 정부부터 박정희 정부까지 음력설은 본격적으로 탄압받습니다. 한국 정부 수립을 주도한 엘리트들은 일제 강점하에 형성된 근대적 정신을 그대로 이어받는 것이 진보이고 발전이라 믿어 의심치 않았으니까요. 그들에게 음력설은 낡고 정체된 구시대의 잔재였습니다. 그래서 자유당 정권은 총독부가 쓰던 치사하고 졸렬한 방식을 사용합니다. 유신惟新으로 근대 일본의 미래를 따르고자 했던 박정희 정부도 마찬가지였습니다. 쉽게 무시할 수 없는 '연휴'라는 특혜를 사용해 가며 양력설을 권장한 것이죠.

1949년부터 1989년까지, 양력설은 공식적으로 3일 연휴가 이어집니다. 사람을 갈아서 경제를 성장시키던 시절, 연휴는 지금보다 더 달콤하고 소중했습니다. 그래서 7080년을 거치며, 음력설의 인기는 조금씩 사그라들었습니다. 하지만, 음력설은 '국풍 81' 등의 흐름을 타며 80년대 중반부터 부활하게 됩니다. 1985년, 음력설이 '민속의 날'이라는 해괴한 이름이 붙은 공휴일로 지정됩니다. 1989년에는 드디어 3일 연휴로 지정되면서 '민속의 날'이 아닌 정식 '설날'이라는 이름을 되찾게 된 것이죠.

한국인의 음력에 대한 사랑은 SNS를 사용하는 신세대들에게도 예외가 아니었습니다. 2012년 페이스북에서는 한국인들의 기본정보에 음력 생일을 양력 생일과 함께 표시할 수 있게 하는 전 세계 유일의 기능을 탑재하게 되었다고 공표합니다. 그만큼 생일을 음력으로 계산하는 이들이 많았다는 사실을 의미합니다. 전 세계 유일이라는 단어를 넣은 것은 같은 동양권이라고 모두 그렇게 하지 않았다는 점을 구별하기 위함입니다.

양력을 사용하면서도, 농사를 짓지 않으면서도, 한국인들은 여전히 돌아가신 조상님들의 제사를 음력으로 지내고 있습니다. '민족의 대명절'의 가장 큰 가족 행사는 차례(제사)입니다. 전 국민의 공통적인 명절이 음력이고 그것을 기준으로 어르신들의 생일과 제사를 치르는데, 그분들이 자신들의 자녀 생일을 양력으로 지낼 리 만무했기 때문이죠.

이미 세대를 거듭하고 제사조차 제대로 지내지 않는 시대가 도래하면서 이러한 문화는 구시대의 유물처럼 희석되어가고 있지만, 그럼에도 불구하고 아직도 부모님의 생신을 챙기려면 한국인들은 음력 캘린더를 다시 확인해야 하므로 당분간 이 음력을 사용한 생일계산법이 사라지지 않을 듯합니다.

설과 한가위 명절이 뭘 하는 날인지 잘 모르는 어린 세대들에게는, 그저 세뱃돈을 받고 맛있는 것을 잔뜩 해서 먹거나 긴 연휴가 있어 해외여행을 가는 날로 기억될는지 모르겠지만, 그럼에도 불구하고 아직까지 적지 않은 한국인들은 설이나 한가위와 마찬가지라고 자신의 생일만큼은 음력으로 지내고 있을지도 모릅니다. 음력 달력을 다시 확인하는 귀찮음을 생각하기 전에 왜 한국인들이 음력을 사용했는지 한번쯤은 깊이 있게 생각해보는 하루가 되었으면 좋겠다는 바람을 가져봅니다.

왜 한국인은 지키지도 못할 약속을 남발할까?

"우리 언제 식사라도 한번 같이해요."

"나중에 소주라도 한잔하죠."

한국인들 역시 아무렇지도 않게 '언제 한번…'이라는 인사말을 건네곤 합니다. 하지만 그것에 사실 구체성이 없다는 것을 알아챈 외국인들은 당황하기 마련이죠.

한국에서는 물론, 외국에서도 함께 식사하거나 함께 술을 마신다는 것은 단순히 파티에서 서로 만나는 것과는 차원이 다릅니다. 이런 약속은 인간적으로 가까운 사람들 간의 초대와 약속으로 이루어지는 경우가 많습니다. 특히나, 자신의 집에 초대하는 경우라면 그것은 친밀함을 확인시키는, 일종의 통과의례처럼 인식되기까지 합니다. 그러니 외국인들은 다시 한국인에게 '언제 한번…' 이란 말을 들으면 또다시 공수표가 날아왔다고 받아들이곤 합니다. 한국인은 늘 진심이라는 믿음마저 흔들리는 원인이 되기도 하죠.

그런데 한국인들이 건네는 이런 약속들을 꼭 공수표라고만 치부할 수는 없습니다. 그것은 한국인의 '정情'을 나타냅니다. 말 그대로 서로 간의 공감과 교감이 이루어지지 않고서는 내뱉을 수 없는 약속인 것이죠. 아무런 관계를 맺고 싶지 않은 사람에게 그런 말을 아무렇지도 않게 내던지지는 않습니다. 즉, '언제 한번…'은 약속을 잡자는 구체적인 제안이 아니라, 내가 당신에 대해서 그 정도의 친밀감을 가지고 있다는 인사말인 것입니다.

최근에는 그 의미마저 퇴색하여 정말 영혼 없는 인사말로 전락한 경우도 없지 않지만, 본래 이 약속의 말이 나오게 된 것은 그렇게 하지 못하는 마음의 애틋함을 여운으로 남기려 했기 때문입니다.

그리 오래되지 않은 옛날, 한국인들은 이런 운치 있는 약속들을 많이 했습니다. 대표적인 것이 바로 '첫눈 약속'인데요. 상대방에게 첫눈이 오는 날 만나자고 약속하는 것이죠. 공식적으로 눈싸라기가 날리는 것이 첫눈인지 눈이 섞인 비가 내리는 날이 첫눈인지 기상청 직원처럼 따질 필요는 없었습니다.

어느 사이엔가 전 세계에서 한국인들은 모든 것을 '빨리빨리' 쳐내는 성격 급한 사람들로 여겨지고 있지만, 아무리 사람을 다그친다고 해도 자연의 시간은 언제나 똑같이 흐른다는 것을 한국인들의 조상들은 누구보다 잘 알고 있었습니다. 사람과 사람 간의 교감을 말에 담아 표현하는 것이 바로 저런 운치 있는 약속인 것이었습니다. 즉 '언제 한번…'은 '언젠가가 될지는 모르겠지만 당신과 인연이 닿는다면 그런 자리를 한번 꼭 마련하고 싶습니다'라는 마음을 전달하는 것이죠.

구체적인 약속에는 지켜야 할 일시나 내용이 반드시 들어가야 한다고 여기는 외국인 입장으로는 그 엉성한 약속의 말이 너무도 무책임하거나 공허하게 들릴 수 있을지 모르겠지만, 그런 약속 없이 그다음 단계로 교감을 진행하는 한국인들은 그다지 많지 않습니다. '언제'라는 말은 그 언제를 결정짓는 것은 바로 당신이라는 점을 상대에게 인식시켜 주는 행위이기도 합니다. "지금 나의 마음은 당신과 그런 자리를 갖고 싶지만, 당신의 마음이 어떨지는 아직 명확하게 알지 못하겠다. 당신의 정확한 스케줄을 알고 싶은 것이 아니고, 당신이 정말로 나와 그런 관계로 나아가고 싶은지에 대한 탐색을 시작하고 싶다. 그래서 당신도 나와 같은 마음이라면 언젠가 구체적인 날짜나 장소를 잡을 수 있을 것이다." 등등의 모든 이야기가 언뜻 허망해 보이는 약속의 말에 모두 담겨있는 것이죠.

외국인들처럼 약속을 잡을 때, 서로 간의 스케줄을 확인하고 나서 자신이 괜찮은 시간과 상대방이 괜찮은 시간을 잡는 것은 능률적으로 보일지 모릅니다. 하지만 더 중요한, 심리적 거리를 확인하는 과정이 거기에는 빠져있다는 점을 생각해보면, 오히려 한국인의 저 인사말이야말로 고도의 정치적 의미까지 포함된 수사임을 깨닫는 것이죠.

특히 오랜만에 만난 친구에게 그와 같은 인사말을 전하는 것은 만나서 반가움이 앞서기는 하지만, 만나지 못했던 그 긴 시간의 간극에 서로 간의 어떤 미묘한 틈이 생겼는지 일일이 말하고 교감할 시간이 없었다는 점을 암시하는 것이죠. 그럼에도 이전의 관계를 감안한다면 충분히 친밀한 자리를 마련하고 싶지만, 구체적으로 현실화하기까지는 예열과정이 다시 필요하다는 의미까지 들어 있는 것입니다.

'한국말은 끝까지 들어봐야 안다'라는 말은 한국말이 주어와 목적어, 서술어 순으로 되어있기에 서술어의 뜻에 따라서 문장의 전체 의미가 완전히 달라질 수 있다는 단순한 문법적인 설명이 아닙니다. 한국인의 말, 그 표현은 행간에 담고 있는 의미가 겉보다 훨씬 더 깊고 복잡하다는 사실을 알아야 합니다. 외국인들이 단시간에 그 의미를 파악해 낸다는 것은 그리 쉽지 않을 듯합니다.

왜 한국인은 매사에 질문을 꺼릴까?

2010년 9월에 있었던 일입니다. 당시 G20 서울정상회의가 성황리에 치러지고 그 마무리였던 폐막식 자리에서 버락 오바마 미국 대통령이 폐막 연설을 한 직후 한국 기자들에게 질문을 요청합니다.

그러자 한국인들에게는 아주 익숙한, 하지만 외국인들에게는 너무도 어색하기 그지없는, 쎄한 정적이 흐르기 시작합니다. 그러자 민주주의의 센터에서 정치 9단까지 오른 오바마는 특유의 유머까지 발휘하며 자신의 잘못이라며 이렇게 다시 분위기를 바꿔보려고 합니다.

"한국어로 질문하면 아마도 통역이 필요할 겁니다. 사실 통역이 꼭 필요할 겁니다. 그래서 준비했습니다. 질문하셔도 됩니다."

이 말은 문자 그대로 해석하자면, 한국 기자들이 영어로 질문하는 것을 부끄러워하기 때문에 그것이 진정 질문하지 않는 원인이라면 그들의 창피함을 없애주고자 배려하겠다는 것이죠. 사실이라면 오히려 더 굴욕적인 이야기입니다. 그래도 정적은 깨지지 않다가 홀연히 어느 남자가 일어서서 오바마의 표정을 풀어줍니다. 그런데 그의 답변은 오바마를 더욱 실망스럽게 만들었습니다.

"실망시켜 드려 죄송하지만 저는 중국 기자입니다. 제가 아시아를 대표해서 질문을 던져도 될까요?"

그러자 오바마는 정색한 얼굴로 그의 질문을 막습니다. 그리고 말하죠.

"하지만 공정하게 말해서 저는 한국 기자에게 질문을 요청했어요. 그래서 제 생각에는…"

그의 의도를 파악한, 고집 센 루이청강이라는 이름의 중국 기자는 물러서지 않고 이미 죽어있는 한국 기자들을 두 번 죽이는 멘트를 날립니다.

"제가 아시아를 대표해서 한국 기자들에게 제가 대신 질문해도 되는지 물어보면 어떨까요?"

이렇게까지 한국 기자들에 대해 확인사살까지 던지자 오바마 역시 더 이상 그를 제지하지 못하고 당시 주최국이자 가장 많은 기자단이 앉아 있던 한국기자단을 보며 루이청강의 질문을 듣습니다. 이 딱한 상황은 유튜브에 공개되어 많은 댓글이 달렸습니다. '한국인의 개망신 인증'이라는 댓글이 설명하듯이, 10년이 훨씬 지난 지금까지도 한국인의 가면 속 모습이라며 전 세계에 회자되고 있습니다.

한국의 언론인이라고 하는 이들, 이른바 기자들의 수준을 딱히 변호해 주고 싶은 마음은 없습니다. 하지만 질문을 꺼리는 한국인의 특성은 꼭 기자들만 가진 것이 아니지요. 외국인, 특히 질문과 토론, 소통을 통해서 더 많은 것을 배워나갈 수 있다고 배운 서양인들에게는 이런 광경이 이상하기 그지없습니다.

평생 가르치는 것이 직업이었던 입장에서 한국인들이 수업이나 강연이 끝나고 질문이 없는 이유를 분석해 보겠습니다. 경우의 수를 따져볼 필요가 있습니다. 경우의 수가 왜 필요한지, 뭐 그렇게 핑계 댈 것이 많냐고 의아해할 분들이 있으실 텐데요 원래 핑계 없는 무덤은 없는 법입니다. 일단 한번 살펴보죠.

첫째, 강의 내용에 대해 아무 관심이 없는 이들인 경우. 강의도 끌려온 소처럼 들었는데 거기에 질문을 던질 리가 없겠지요.

둘째, 강의 자체가 너무 어려워 뭐가 뭔지 도무지 이해하지 못하면 질문조차 던질 수 없게 됩니다. 뭘 모르는지 모르는데 뭘 묻겠습니까?

셋째, 반대로 강의가 너무 쉬워서 뭘 묻고 자시고 할 것이 없는 수준인 경우에도 질문거리가 없을 수 있습니다.

넷째. 앞에 앉아 강의의 내용을 모두 필기해 가면서 한마디라도 놓칠세라 노트하고 몰입한 학생의 경우, 오히려 많은 정보를 정리하지 못해 허우적대다 질문할 거리를 놓치는 경우가 있습니다.

그리고 여기서부터가 오늘의 주제와 유관한 내용인데요. 내가 질문을 하는 것만으로 다른 사람들의 따가운 시선을 받는 것에 부담을 느낀 나머지 눈치를 슬금슬금 보게 되는 거죠.

다섯째, 질문을 하는 것만으로도 강의실에서 튀어 나갈 생각에 가방을 움켜쥐고 있는 다른 학우들에게 공공의 적이 될 것이라고 우려하는 것이죠. 학창 시절, 교실에서 수업이 끝나고 학생들이 까먹을 도시락을 막 꺼내려고 하는데 어떤 학생이 질문을 던져 나가려던 선생님을 잡으면, 친구들은 그 학생을 죽일 듯이 노려보게 됩니다. 그런 상황이 또 발생할까 두려워하는 거죠.

여섯째, 강의를 들으면서 분명히 이해하지 못한 부분을 묻고 싶은데, 그것을 묻는 순간, 그것을 다른 학우들로부터 '그것도 제대로 이해하지 못해 질문하는 거냐?' 하는 편잔 섞인 눈초리를 감당하게 될까 봐 지레 겁을 먹는 경우입니다.

일곱째, 선생님이 당혹해할 만한 질문이나 선생님이 준비하지 않은 부분에 대해서 뭔가 묻는다는 것은 수업의 흐름을 해치는, 해서는 안 될 행동으로 여겨지거나, 심한 경우 다른 학생들의 질시를 받기 때문입니다.

여덟째, 앞의 누적된 경험 때문에 질문이란 마치 다른 나라나 외계에서 온 사람이나 하는 것이고, 한국 학생이 질문을 던지는 일은 꿈에도 생각해 보지 못하는 경우가 그것입니다. 학생사회에서조차 이제까지 질문을 해본 적도 없고 누가 질문을 하리라고 기대하는 사회적 분위기가 아니게 된다는 것이죠.

더 세부적으로 나누면 더 많은 경우의 수가 있겠지만 대략 이 여덟 가지만으로도, 개인적인 이유부터 한국의 사회에서 왜 질문하는 것이 그렇게 많은 용기를 필요로 하는지, 그리고 왜 질문을 하지 않는 것이 한국인의 특성이 되었는지를 충분히 유추해 볼 수 있는 단서는 마련되었을 것이라고 생각합니다.

서양에서는 질문하고 토론하고 자신의 의견을 개진하고 자신의 의견과 다를 경우 설득하는 등의 활동 자체가 아카데믹한 것이라고 생각합니다. 설사 그것이 아주 엉뚱하고 수업의 내용과 직접적인 관련이 없어 보인다고 할지라도 말이죠.

2010년 오바마에게는 아주 당연한 일이었지만 한국과는 확연히 달랐던 점은 사실 한 가지 더 있었습니다. 당시 단상에 올라서 폐막 연설을 하는 것에서부터 질의응답을 하는 데 있어 어떤 장관이나 보좌관도 그를 서포트하기 위해 줄줄이 단상에 오르는 짓을 하지 않았다는 거죠. 당일 기자들에게 어떤 민감한 이슈의 질문이 나오더라도 자신이 처리할 수 있다는 당연한 자신감에서 나온 행동이었습니다. 한국에서 대통령이 결코 감히 할 수 없는 행동 중 하나죠. 당시 폐막 연설에서 오바마가 강조한 내용은 이란의 핵 문제에 대한 제재 가능성과 경제회복에 대한 화두를 제시하는 것이었습니다.

한국은 정식 교육이 시작된다고 하는 초등학교에 가서도 질문을 했다고 칭찬받지 못합니다. 대신 선생님의 질문에 대해 대답을 잘하면 똑똑한 아이라고 인정받고 칭찬을 받지요.

그래서 한국의 가정에서는 학교를 다녀온 어린아이들에게

늘 이렇게 묻습니다.

"오늘은 뭘 배웠니?"

이 책을 읽는 당신도 어쩌면 그것이 당연한 질문이라고 생각할지 모르겠군요. 하지만, 『탈무드』로 유명한 유대인들은 어린 자녀가 학교에서 돌아오면 이렇게 묻는다고 합니다.

"오늘은 선생님에 뭘 질문했니?"

어색하신가요? 그 어색함이 아직까지도 대한민국에서 학문 파트의 노벨상 수상자가 나오지 않는 이유라고는 생각하지 않으시나요?

이미 짐작하고 계시겠지만, 오바마의 기자회견장에서 한국 기자들은 질문을 하지 않은 것이 아니라 못한 겁니다. 그리고 그것은 그들의 수준이 낮은 탓도 분명히 있겠지만, 그렇게 그들을 키운 부모와 사회의 책임이 절반 이상은 있는 것입니다.

한국인들이 왜 그렇게 질문을 하지 않는지에 대한 문제는 단순히 이 하나의 문제에서 그치는 것이 아닙니다. 한국인들이 왜 그렇게 다른 이들의 시선을 신경 쓰고 의식하는가에 대한 문제와도 겹치게 되는 것이지요.

왜 한국인은 그렇게 무표정으로 다닐까?

사실 서양인이 동양인을 봤을 때의 일반적인 특징이 무표정이라고 합니다. 그럼에도 불구하고, 특히 동양인들 가운데에서도 무표정으로 가장 유명한 것이 한국인이라는 사실을 빼놓을 수는 없을 것입니다.

　　이는 크게 보면 동서양의 문화적 차이에서 기인한 것입니다. 파티를 예로 들어보겠습니다. 파티에 가서 만난 사람들은, 원래부터 아는 사이인 경우도 있겠지만, 대개는 서로 초면일 것입니다. 서양인은 처음 만난 사람들과도 아무렇지 않게 일상적이고 사교적인 대화를 나누며 남들이 말을 거는 것에 거부감이 없습니다. 이른바 스몰 토크가 작동하는 것이죠. 그런데 동양인들은 전혀 모르던 사람과 얘기를 할 수 있다는 것 자체가 신기하기만 합니다.

　　문화인류학적으로 이 차이를 설명하자면 대략 이렇습니다. 개인주의 문화권에서 성장한 사람들은 타인을 개인 대 개인으로 인식합니다. 처음 만난 사람과도 거리낌 없이 이야기할 수 있고, 누구도 타인이 말을 거는 행위 자체를 가지고 기분 나빠하거나 오해하지 않습니다. 오히려 초면인 사람에게 자연스럽게 대화를 시도한다는 것 자체가 일종의 선제적 우호 행위라고나 할까요? 내가 적의敵意를 보이고 있지 않다는 뜻에 가깝다는 이야기입니다. 그렇게 처음 만난 누군가와 대화하다 금세 또 다른 사람을 만나고, 대화가 끊어졌다가 다시 이어지는 것이 서구권에서는 자연스러운데요.

그에 비해 동양의 집단주의 문화권에서는 모르는 사람에게 말을 걸어서는 안 된다는 것이 강한 학습을 통해 각인되어 있습니다. 대로변이나 공공장소에서 모르는 사람에게 말을 걸 수 있는 경우는 길을 물어보는 정도고, 그런 경우를 제외하고는 남들에게 뜬금없이 걸었다간 이상한 사람으로 취급받기 일쑤입니다. 그러니 생판 모르는 사람에게 인사를 먼저 건네고, 거기에다 스몰 토크까지 시도한다면 정말로 오해받기 십상인 거죠. 저 사람이 나에게서 무언가 빼앗아 가려고 친절하게 대한다거나 뭔가 나를 해코지하려고 시동을 거는 모양이라고 오해할 수 있는 것입니다. 길에서 모르는 사람에게 아는 척을 하는 사람들은 교회에서 나와 전도하겠다고 하는 사람이나 '도를 아십니까?' 따위의 말을 하면서 접근하는 종교집단 소속의 사람, 그리고 다단계 판매 같은 것을 하는 사람밖에 없다고 해도 과언이 아니죠.

그래서 파티에서 서양인이 자연스럽게 초면인 동양인에게 말을 걸면 동양인들은 당황하면서 어쩔 줄 몰라 하거나 짧게 대답하고 더 이상 대화를 자연스럽게 이어가지 못하는 경우가 많습니다. 그 예외라면 나이 든 여성들의 경우 정도였습니다만, 최근 들어 젊은이들 가운데 점점 스몰 토크에 능숙한 이들이 많아지고 있긴 합니다.

집단주의 사회에서는 모르는 사람을 만날 때 애써 상대방에

게 무관심한 척합니다. 친절한 것처럼 행동하면 앞서 말한 대로 일
반적이지 않다는 이유로 오해받습니다. 이러한 현상이 생기는 이유
는 집단주의 사회에는 내집단과 외집단을 강하게 구분하는 경계 의
식이 있기 때문입니다. 집단주의 사회에서 서로가 웃으면서 편하게
대화를 나눌 수 있는 사람은 내집단 사람뿐입니다.

　　신체 접촉이 있어도 그것이 경미할 때에는 굳이 미안하다는
말조차도 하지 않는 이유도 그것 때문입니다. 모르는 사람에게는
격식을 갖추어 예의를 지키지 않아도 괜찮다고 학습된 것입니다.
상대방 입장에서도 접촉이 가벼울 때는 그다지 사과를 기대하지 않
습니다. 서로 모른 체하고 그냥 지나가는 게 편합니다. 개인주의 문
화권에서는 아주 가벼운 접촉이 발생하더라도 '미안하다'라고 하
지 않으면 상당한 실례가 되는 것과 대비되지요.

　　집단주의 문화권에서 모르는 사람은 투명 인간 취급당하기
일쑤입니다. 따라서 모르는 사람끼리는 서로 모른 척하고 먼저 다
가가 친한 척을 하지 않더라도 아무런 문제도 발생하지 않습니다.
모르는 사람은 모르는 척해도 되고, 배려하지 않아도 별문제 없다
는 암묵적 동의가 작동하고 있기 때문입니다.

　　심지어 집단주의 문화권에서는 아는 사람끼리 있어도 아무
말도 하지 않는 경우가 자주 발생합니다. 서로 아주 잘 아는 사이의
경우에는 이미 강한 내집단을 형성하고 강한 연대감이 이미 주어져

있다고 봅니다. 그래서 이런 상황에서는 굳이 서로 이야기하면서 자신의 입장이나 상대방에 대한 태도를 알릴 필요성을 느끼지 않습니다. 대화를 통해 정적을 깨고 친교를 표시하지 않아도 '우리는 하나'라는 것을 충분하게 느끼고 있는 것입니다. 같은 맥락에서 한국인들은 친구나 가족들끼리 밥 먹으면서 한마디도 하지 않는 경우가 있습니다. 그것을 보며 서양인들은 저 테이블에는 아주 강력하게 적대적인 태도가 도사리고 있다고 여길 것입니다.

즉 생각보다 오픈 마인드 같아 보이는 서양인들의 스몰 토크는 오히려 사교적인 가면에 가까운 것입니다. 반대로 동양인, 특히 한국인들은 늘 자신과 흉금을 터놓고 지낼 수 있는 거리의 지인들과의 관계만 중요하고, 그 안에서건 그 밖에서건 사교적인 가면을 쓸 필요가 없다고 학습해 왔던 셈입니다.

같은 동양인임에도 불구하고 일본인이나 중국인들의 경우, 한국인의 중간이 없는 사교 태도에 당황하는 경우가 적지 않은데요. 특히 여성의 경우 동성임에도 불구하고 모르고 지낼 때는 아주 차고 무뚝뚝했는데 정식으로 안면을 트고 나서는 이전에 언제 그랬냐는 듯이 갑자기 친한 사람으로 돌변하는 모습을 보며, 이 사람이 같은 사람인지 경악하는 경우가 많다고들 합니다.

하지만 한국인들이 평상시 무표정한 것은 오히려 자신의 감정을 그대로 드러내는 솔직 담백함이 그 배경에 깔려있다는 것을 잊지 마세요. 한국인의 무표정은 다른 감정을 드러낼 필요가 없을 때의 휴식기이지, 부러 화가 났다는 표현을 하기 위함은 아닙니다.

왜
한국
인은
나이
부터
확인
하려
할까
?

외국인들에게 한국인들의 특징에 대해서 물어보면 다양한 대답이 나오는데요. 한국인으로서는 생각하지도 못했거나 어쩌면 너무도 당연하다고 여겼던 것들도 신기한 것을 넘어 이상한 취급을 받곤 하지요.

그중에서도 빠지지 않고 등장하는 것, 어쩌면 가장 많이 등장하는 것이 바로 한국인들이 처음 만난 사람에게 호구조사를 하는 것입니다. 그중에서도 단도직입적으로 상대의 나이를 묻거나 태어난 해를 묻는 것이지요. 옛날 책들은 서양에서는 나이를 묻는 것은 예의에 어긋난 행동이라고 가르쳤지만, 실은 반드시 그런 것만도 아닙니다. 하지만 서양 문화에서 나이를 물어보는 것이 그리 흔하지 않다는 것만은 사실에 가깝습니다.

그렇다면 왜 한국인들은 처음 만난 이들이 몇 살인지, 그가 몇 년에 태어났는지를 그렇게 당당하게 묻는 걸까요?

나이로 서열을 따지는 유교 문화의 잔재 때문이라고 보는 견해가 가장 일반적입니다. 원시유학이 가진 본령은 전혀 그렇지 않았으나, 고려시대에서 조선시대로 넘어오면서 유학은 권력을 가진 자들이 통치이념을 공고히 하기 위한 방편으로 변질되기 시작합니다. 아주 자질구레한 규율규칙이 반드시 지켜야만 하는 공자 왈의 예의범절인 양 둔갑하면서 위에 있는 자가 아래에 있는 자들을 규제하고 통제하는 방식으로 전락하게 되죠.

예컨대, 양반과 상놈을 나누고 상놈이 윗사람인 양반에게 대해야 하는 태도나 말투를 규정한 것이 확대되면서, 상놈들 사이에도 찬물도 위아래가 있다는 의식이 강화되기 시작합니다. 나이가 한 살이라도 더 많은 자들은 양반이 쓰던 유교의 껍데기를 뒤집어쓰고 어른에게 해야 하는 태도와 언행을 요구했던 것이죠.

본래의 의도는 부모님에게, 나라의 군주에게, 마을의 연장자에게 공경을 표시했던 것이었지만, 나중에는 처음 보는 자들끼리도 서열을 구분하기 가장 쉬운 방식인 나이를 통해, 높은 이에게 '대우'를 해줘야 한다는 무언의 사회 논리가 된 것입니다.

이 흐름은 시대가 바뀌어 달나라에 직접 놀러 가는 시대가 되었음에도 크게 달라지지 않습니다. 처음 만난 상대와의 통성명 이후 가장 중요한 것은 내가 이 사람에 대해서 연장자로서의 공경을 받을 것인가 건넬 것인가를 구분하는 것입니다. 마치 동물의 왕국에서 사자들이 위아래를 정하는 것 같은 절차가 한국인들에게는 본능적 서열 확인 과정으로 정착하게 된 것이죠.

이것은 이후 다루게 될 한국인의 호칭 문화에 가장 큰 영향을 줍니다. 반말이나 존댓말의 구분이 그렇게 엄격하지 않은 영어나 중국어 등과 달리, 한국어나 일본어는 경어 문화가 신분제가 공고하던 시절에 이미 확고했습니다. 그것이 현대에까지 그렇게 무너지지 않고 유지되었기 때문에, 대화를 시작하기 전의 서열정리는 중요한 요소가 되어버리고 말았습니다. 물론 요즘 젊은 세대들은 그냥 모두 높임말을 쓰고 다들 서로 존경하면 되지 않느냐고 하지만, 신기하게도 그들이 젊은 세대에서 벗어나는 순간, 그들이 혐오해 마지않던 꼰대로 슬슬 변해갑니다.

이것은 군대의 계급문화나 회사조직의 상하 관계와는 또 조금 다릅니다. 왜냐하면, 한국 사회의 나이로 서열을 정하는 규범은 더 공고한 조직에 속하게 되는 순간 무너져버리게 되기 때문입니다. 예컨대, 자율성이 강조되는 대학에서는 삼수생부터는 언니, 오빠로 불러도, 재수생 동기에게는 서로 반말을 씁니다. 하지만 좀 더 강제성을 띠는 군대에서라면, 계급이 위인 고참이 나보다 한참 어리더라도 절대적으로 복종할 수밖에 없죠. 이것은 회사에서도 마찬가지로 군대를 가지 않은 여자와 군대를 다녀온 예비역이 회사의 동기로 입사하게 되면, 남자가 나이가 더 많음에도 불구하고 동기라는 이유로 친구처럼 지내게 됩니다. 반면 나이가 나보다 어려도 고속승진을 한 상사에게는 깍듯하게 사회 선배로서의 대접을 해야 하는 것을 보면, 사회조직의 규율은 나이 서열보다 우선인 것입니다.

한편 한국에서는 다른 나라에서는 결코 들을 수 없는, '빠른'이라는 용어도 있습니다.

"저는 70년생입니다."

"아, 죄송한데, 저는 빠른 70입니다."

"아, 그러면 친구분들이 모두 69년생이겠군요."

    과거 보통 8살에 입학하는 학교를 7살에 혹은 아주 드물게
는 6살에 입학하는 경우가 발생했습니다. 3월이 학기 시작인 한국
의 학제에서 1월이나 2월생들은 한 해 빨리 학교를 입학시키곤 했
기 때문입니다. 같은 해에 태어났으면 '동갑'이라는 용어를 사용해
야 하는데, 학교를 먼저 들어가 한 살 많은 이들과 학교를 다녔다는
이유로 자연스럽게 학교라는 조직에서 '선배'인 형, 누나가 된 것
입니다. 전술한 바와 같이, 나이로 보면 동갑이지만 태어나서 처음
속하는 학교라는 조직에서 형과 누나라고 불리는 사람들과 먼저 공
부한 동갑에게 '야! 자!'를 할 수는 없는 것이죠. 이렇게 대한민국
의 '족보'는 꼬이기 시작합니다.

    한국인이 상대의 나이를 먼저 확인하는 가장 큰 이유는, 앞
서 설명한 바와 같이, 처음 만난 상대에게 만남 이후 상대방에 대한
호칭에서부터 언어사용과 대하는 태도에 이르기까지 그 모든 것을
정해야 하기 때문이기도 하지만, 궁극적으로는 그것이 정해져야만
자신 역시 본능적으로 편하기 때문입니다.

    한국 사람들이 나이를 묻는 행위를 하는 대부분의 경우는
자신과 비슷한 연배일 때이지, 자신보다 한참 나이가 많은 사람에

게 나이를 묻지 않습니다. 나이가 비슷한 입사 동기나 바로 위의 사수가 몇 살인지는 묻지만, 부장이나 이사, 사장의 나이를 묻지 않는 것을 떠올려본다면 한국인들이 나이를 왜 묻는지에 대한 이유는 보다 명확해집니다. 서열정리 때문이지요.

왜 한국인은 호칭에 민감하게 반응할까?

한국에서 자신과 타인과의 관계는 '호칭'으로부터 시작합니다. 그 사람을 어떤 호칭으로 부르느냐에 따라 그 사람과 나와의 관계가 결정된다는 말이죠. 연상의 누나를 '내 여자'라고 생각한다며 '너'라고 부르겠다는 노래 가사가 그 대표적인 예 되겠습니다.

왜 한국인의 정체성을 설명하다 말고 뜬금없이 호칭 이야기를 꺼내는지, 황당하다고 생각하시나요? 아니죠. 한국인만큼 호칭에 민감한 민족은 드물다는 사실을 우리 모두 아주 잘 알고 있거든요. 참고로 따로 존댓말이 없다고 여러분이 알고 있는 영어에서도 고급영어에 들어가면 너무도 당연히 상대에 대한 존칭과 존댓말은 존재합니다. 특히 현대 미국식 영어의 기틀이 되었다고 하는 영국식 영어의 표현들은 존댓말에 민감해서, 아직도 미국의 상류사회에서 상류층을 대할 때는 따로 접대하는 이들이 언어교육을 받을 정도입니다. 하지만 한국어에선 상대방이 나를 어떤 호칭으로 부르는지 그리고 내가 상대를 어떤 호칭으로 부르는지를 통해, 단순한 관계 설정을 떠나 자신의 감정 상태까지 디테일하게 묘사하는 것이 한국인이기 때문입니다.

'~ 씨'라는 호칭이 존칭 같지만, 나이가 어린 사람이 상사나 윗사람에게는 사용할 수 없는 것이라는 무언의 룰이 정해져 버려, 한 어린 여배우가 나이가 많은 선배에게 '~ 씨'라는 호칭을 쓴 것만으로도 버르장머리 없는 무개념 인간으로 찍혀버리는 상황이 발생합니다. 한때 코미디 프로그램에서 "우리 배우님~! 들어가실 게요~!"라고 외치곤 했는데요. 이것은 그러한 과장된 호칭이 얼마나 한국인들에게 일반적으로 쓰이면서도 한편으로는 어색하다고 여겨지고 있는지를 잘 보여주는 사례입니다. 병원에 가면 환자를 부를 때, '~ 님'을 넘어 '환자분~'이라고 호칭하는 것도 역시 같은 맥락에서 파생된 결과물이라고 하겠습니다.

그런데 흥미로운 점은 법원에서 판사는 '~ 씨'라는 호칭조차 사용하지 않는다는 것입니다. 아무렇지도 않게 자신보다 훨씬 나이가 많은 어르신에게, 원고 아무개라고만 하지요. 판사가 누구에게나 반말을 하면 모르겠지만, 그 어르신을 변호하기 위해 나온 어린 변호사에게는 '변호사님'이라고 존칭을 써줍니다.

한국뿐만 아니라 모든 세계인들은 자신이 속한 조직에, 그리고 상황에 따라 다양한 호칭을 사용합니다. 언니, 이 과장님, 제수씨, 처제 등등 분명히 같은 사람임에도 불구하고 그 사람을 부르는 호칭에 따라 그 사람에게 기대되는 역할은 판이해지기 마련입니다. 하지만 한국인들의 '호칭'은 그것에만 머물지 않고, 그저 그 사람의 이름을 부르는 것과 그 사람을 어떻게 부르는가를 통해 완전히 다른 형태의 관계를 설정합니다.

한국어를 처음 배운 외국인들이 서로의 이름을 부르며 '~씨'라고 부르는 어색한 모습을 보면, 한국인들을 웃으며 말합니다.

"친구끼리는 '~ 씨'라고 부르지 않아. 그냥 이름만 불러." 그런데 친구가 되었다고 생각하며 선배의 이름을 그냥 불렀다가는 상황이 다 어색해지죠.

예컨대 '선생님'이라는 호칭은 치트키처럼 너무 남발하여 이제 그 의미를 상실하게 되고 만 호칭이 되었습니다. 일본에서 흔히 말하는 선생님으로 불리는 사람들은 크게 세 부류밖에 없다고들 합니다. 정치인, 전문직(의사, 법조인), 그리고 정말로 가르치는 직업인 사람(교수 혹은 교사)입니다. 그런데 한국에서는 그렇지 않습니다. 그야말로 개나 소나 선생님입니다. 후술하게 되겠지만 한국인의 특수한 관계성 지향에서 나온 결과물인데요. 잘 모르는 상대방에 대해서 올리는 호칭으로 어느 사이엔가 가격이 폭락한 호칭이 되어버린 거죠. 주범은 바로 공무원들입니다. 민원인을 대상으로 선생님이라는 호칭을 써서 이렇게 된 것입니다.

이것은 병원에서 의사와 간호사 간의 호칭이 극명하게 엇갈리는 데에서도 드러나는데요. 대부분의 환자들은 의사에게는 자연스럽게 선생님이라고 부르면서도 간호사에게는 '선생님'이라는 호칭을 쓰지 않습니다. '간호원'에서 '간호사'로 호칭이 변경된 것도 이러한 한국의 호칭 문화가 일종의 계급까지 형성하면서 벌어진 촌극이지요.

아저씨와 아줌마도 그렇습니다. 그것이 원래 멸칭이 아님에도 불구하고 한국의 지하철에서 '아줌마~!'라고 언성을 높이게 되면 듣는 아줌마는 그것을 멸칭으로 듣습니다. 식당에 가서 '식당 아줌마'라고 부를 때 나오는 고기의 양과 '이모~!'라고 불렀을 때 나오는 고기의 양이 달라진다고 하면 이해가 좀 빠를까요?

그렇다면 도대체 한국인들은 왜 그렇게 호칭에 민감하게 된 것일까요?

그야말로 복잡다단한 원인들이 뒤엉켜있는데요. 한국인들이 나이에 왜 그렇게 민감하고 왜 가장 먼저 나이를 확인하는지와도 아주 긴밀한 연관을 맺고 있습니다. 호칭은 앞으로 상대를 어떻게 대해야 하는지를 결정합니다. 자신과 상대는 물론이고 주변에서 그 호칭을 듣게 될 사람들에게까지 두 사람의 서열부터 시작해서 관계 맺음을 정의시키는 것이죠.

예를 들어, 서로의 자녀들을 결혼시켜 사돈이 될 두 아버지가 서로를 호칭할 때, '사돈'이라고 하는 것과 나이나 학연을 통해 '선배님'이라고 부르는 것, 그리고 오랜 친구였기 때문에 '아무개야!'라고 부르는 것에 따라 서로 간의 관계맺음이 판이해집니다. 이런 것을 한국인들은 암묵적인 사회적 룰로 받아들이고 있습니다.

이것은 서열을 정해야 모든 것이 정해지는 잘못된 유교 문화의 잔재이기도 하거니와, 서열이 정해지면 그것에 따라야만 했던 일본 식민지 문화의 잔재이기도 합니다. 한때 서열주의를 강제하는 호칭을 없애고 업무상 자유를 보장한다면서 직장 내에서 모든 이들의 호칭을 '~ 님'이라고 부르던 시절이 있었습니다. 일명 직급 호칭 파괴제도라는 것인데요. 통계자료에 따르면 이 제도를 도입했다가 실효를 거두지 못하고 다시 원래의 직급 호칭 제도로 회귀한 기업이 90%에 육박했다고 합니다. 이것은 한국인들이 뼛속부터 가지고 있는 관계성에 근거한 습관을 쉽게 버릴 수 없다는 사실을 증명합니다.

　　중국에서는 상대방을 지칭할 때 '제가 당신을 어떻게 불러야 할까요?'라고 묻곤 합니다. 한국인들의 복잡한 호칭들을 생각한다면 이렇게 묻는 것이 더 좋지 않을까 하는 생각도 듭니다. 하지만 그런 질문을 들으면 한국인은 틀림없이 '그냥 편한 대로 부르세요'라고 할 텐데요. 유감스럽게도 그것은 '정말 네 멋대로 부르라는 게 아니야. 민감하게 잘 골라서 선택해야 할 거야'의 의미입니다.

왜 한국인은 그렇게 연고를 따질까?

가족회사라는 이름으로 최고경영진들이 형제자매들로 구성된 재벌 가문을 보며 외국인들은 참 신기해합니다. 가족기업, 더 나아가 족벌기업이 꼭 한국만이 가지고 있는 제도라고까지는 할 수 없겠지만, 한국에서 유독 도드라지는 특성임에는 틀림이 없습니다. 재벌기업의 최고 경영권은 자기 자식에게 그리고 그 자식에게 이어졌고, 현재는 재벌 3세와 4세들이 권좌에 올라 있습니다.

모 재벌 회장이 자식에게 회사경영권을 결코 물려주지 않을 것이라고 말한 것이 뉴스의 헤드라인이 될 정도의 나라는 아마도 한국밖에 없지 않을까요? 일본의 천황이 자신은 천황제를 포기하고 이제 왕세자나 공주로 이어지는 권력 계승을 하지 않겠다고 기자회견이라도 하는 것처럼 들렸을 정도이니 말입니다. 회사는 당연히 전문 경영인이 맡아야 한다고 여기는 대다수 외국인의 눈에 한국의 재벌 계승법은 이상하게 보일 수밖에 없습니다.

그런데 그 한국의 이 문화는 굳이 재벌에만 해당되는 것이 아닙니다. 하다못해 가내수공업 공장을 하거나 동네 식당을 하더라도, 의원급 병원을 하더라도 한국에서는 가족이 기업의 업무에 끼는 경우가 많습니다. 데스크에 원장의 아내가 나와 환자를 상담하고 회계를 관리하거나 식당 사장의 아내가 계산대에서 주문 내역을 체크하는 상황이 그렇게 이상할 것이 없으니까요. 물론 어떤 사람들은 이렇게 질문할지 모릅니다. "일본에서 대대로 가업을 잇는 문화와 크게 다른 것은 아니지 않나요?"

아닙니다. 한국의 '가족끼리 해먹자' 문화는 일본의 가업 문화와는 그 결이 다릅니다. 일본에서는 기술이 없어도, 기술을 배우지 않아도 경영이라고는 해본 적이 없이 사장의 아들이라는 이유로, 혹은 그 가족이라는 이유로 전문지식이나 경험도 없이 기업을 잇지는 않습니다.

창립자나 오너의 입장에서 믿을 수 있는 사람이라고는 가족밖에 없으니 가족기업이 당연히 자연스러운 형태가 아니냐고 말할 수도 있겠습니다. 하지만 오랜 전통의 유럽이나 미국에서도 초창기 가족경영이 우세했고 2세에게 경영 교육을 시키곤 했지만, 지금은 거의 전문 경영인으로 대체되고 있습니다.

그런데, 물론 가족 아닌 남에게 중책을 맡기는 경우도 없지는 않습니다. 바로 혈연에 이은 학연, 지연 등등의 인연에 따른 인선이 그것입니다. 고향이 어디인지를 따져 같은 고향 출신을 더 가까이 두고, 어느 학교를 졸업했는지를 따져서 같은 학교의 동문 후배이면 또 같은 무리에 섞어두고, 하다 하다 아이를 낳고 같은 산후조리원에서 산후조리를 한 이들끼리 다시 인연이라고 묶어 서로 정보공유를 하고 새로운 조직을 결성해 갑니다.

내학교 동문보다는 고등학교 동문이 더 끈끈합니다. 대학교는 다른 지역에서도 다닐 수 있지만, 고등학교는 같은 지역에서 같은 문화와 역사를 공유했을 가능성이 크기 때문입니다. 10대의 혈기 방장했던 시기를 공유할 수 있다는 것만으로, 같은 선생님과 같은 교정에서 공부했다는 이유만으로 그들은 끈끈한 인연을 확인하고 무리를 형성합니다.

서울대만 하더라도 최근엔 강남 출신들이 절대적으로 많아져 조금 약화되긴 했지만, 한때 지방에서 공부 좀 했다는 이들은 '재경×××동문회'라는 이름으로 그들만의 리그를 만드는 것이 매우 자연스러웠습니다.

그렇다면 왜 한국인들은 그렇게 인연을 따지며 자신의 라인을 구축하는 것에 열을 올리게 되었을까요? 역사를 살펴보면, 조선시대의 당파싸움까지 거슬러 올라가게 됩니다. 조선시대 당쟁과 사화를 연구한 논문들에서 우리는 아주 재미있는 사실을 발견하게 되는데요. 이익을 위해 편을 가를 때면 가장 기본적인 기준이 그들이 기반으로 삼았던 지역이 되었다는 점입니다. 우주선을 타고 달나라를 가는 작금의 시대에도 전라도와 경상도 사이에 정치색이 확고하게 달라져 있음을 보면 그것은 옛날 일만도 아닙니다. 인간에게 있어 같은 지역에서 살며 그 생각을 공유한다는 것이 얼마나 무서운 일인가를 다시금 생각하게 만듭니다.

인간은 혼자서 살 수 없는 동물입니다. 육체적으로는 물론이거니와 심리적으로도 그렇습니다. 자신과 뜻, 혹은 이익을 같이

하는 이들과 함께함으로써 심리적 안정감을 느끼는 존재입니다. 한국인뿐만 아니라 인간은 누구나 마찬가지라고 할 수 있지요.

그럼에도 불구하고, 한국인들이 유독 '인연'을 강조하는 데에는 분명히 다른 민족과는 조금 다른 이유가 있어 보입니다. OECD 가입국을 대상으로 '자신이 조직에서 의지할 사람이 있느냐?'라는 설문조사를 한 적이 있었는데요. 정작 한국인들이 '그럴 만한 사람이 없다'는 대답을 가장 많이 것으로 밝혀져 화제가 되었습니다. 조금 더 자세히 설명하자면, 해당 설문에 임했던 다른 OECD 회원국의 국민들은 평균 88%가 '의지할 만한 사람이 있다'라고 답한 데 반해, 한국인들은 72%만이 그렇게 답했다는 내용입니다.

그렇습니다. 혈연, 지연, 학연을 그렇게 따지는 사회인 것 같으면서도 정작 한국인 본인은 자신이 믿고 의지할 만한 사람이 없다고 느끼고 있었던 것입니다. 다시 말해, 믿고 의지할 만한 사람이나 조직을 찾는 인간의 본성이지만, 그렇지 못한 상황에 자꾸 처해지기 때문에 더 그것들에 매달리게 되는 것입니다.

내가 사회생활을 하는 데 있어 객관적으로 열심히 하고 노력해서 얻어지는 것보다 영향력 있는 사람과 지연이나 학연 관계 등으로 엮여있지 않으면 아무리 노력하더라도 인정을 받지 못하는 상황들이 그들이 이른바 '끈'을 찾고 그 '끈'으로 끈끈하게 연결되기를 바라는 것입니다. 그러면서도 정작, 그 끈의 효용에 대해서는 자신 역시 믿지 않는 아이러니가 이 사회에 배태되어 있는 것이죠.

같은 지역에서 자란 사람이 딸랑 한둘일 리가 없고, 같은 중고등학교를 나온 사람이 한두 사람일 리 없으며 같은 대학을 나온 사람이 한둘일 리가 없지요. 하지만 그 많은 사람을 모두 내 라인으로 묶을 수 없다는 점이 오히려 사회관계를 간단명료하게 합니다. 내가 밀어줄 혹은 내가 충성할 대상을 최소화하여 거기에 에너지를 집약하고자 하는 것, 그리고 무엇보다 내가 합리적이지 않은 이유로 무언가를 결정했을 때 그것을 사회적으로 변명할 수 있는 여지를 만들어두는 것, 그것이 어찌 보면 한국에서 말하는 인연 만들기의 민낯일지도 모른다는 쓸쓸한 결론입니다.